平凡社新書
1003

国衆

戦国時代のもう一つの主役

黒田基樹
KURODA MOTOKI

HEIBONSHA

国衆●目次

はじめに――戦国を特徴付けた国衆という存在

戦国時代の主役といえば、大抵は戦国大名があげられることであろう。戦国大名は、戦国時代にだけ存在した領主権力であり、それはすなわち地方の王国であった。それまでの日本社会は、京都や鎌倉という政権都市に存在した中央政権を中心に語られることが多かったが、列島各地に戦国大名が誕生したことで、地方にいくつもの政治的中心が成立し、地方自体が政治的主役の立場を獲得するようになった。そのため戦国大名を、戦国時代の主役とみても違和感はない。

とはいえ戦国大名という存在は、列島地域全体からすると、その数はかなり限られたものになる。戦国大名が支配した領国は、かなり広域におよぶものであった。しかし戦国大名が、そうした広大な領国すべてを直接に統治していたわけではなかった。戦国大名の領国の外縁部には、「国衆《くにしゅう》」と称する存在が多数みられていた。すなわち戦国大名というのは、国衆と称する存在を、領国内に編成することで、広域の領国を形成した存在となる。

国衆については、近年になって一般的にも取り上げられるようになっているので、聞き覚えのある方も多いであろう。その大きなきっかけは、二〇一六年NHK大河ドラマ「真田丸」で、その用語が使用されたことであろう。この国衆という用語は、私が一九九〇年代から使用するようになった学術用語になる。私はその「真田丸」に時代考証の一人としてドラマ制作に参加しており、その関係から、国衆という用語が使用されることにもなった。それ以降、他の歴史番組や歴史雑誌などでも、普通に使用されるようになっていった。

本書は、その国衆について、あらためて全面的に取り上げようとするものである。詳しくは本文で述べるが、国衆とは、戦国時代に存在した領国を独自に統治する、自立的な領域国家である。しかし政治的・軍事的に独立して存在することができなかったため、戦国大名に従属する立場にあった。逆にいえば戦国大名とは、そうした国衆を従属させて、その領国をも含めて、広大な領国を形成した存在をいった。戦国大名の領国の外縁部は、実際にはそれら国衆たちの領国で構成されていたのである。

戦国時代の後半期にさしかかった天文《てんぶん》年間（一五三二～五五）頃から、戦国時代の動向は、戦国大名同士の抗争として展開されてくる。広域的な戦国大名は、そうした戦国大名同士の抗争の結果として、展開されていった。北条・武田・上杉・毛利など、大規模な領国を形成する戦国大名がみられるようになった。そこでの戦国大名同士の抗争の実態は、領国境目《さかいめ》に存在した国衆を、どちらが味方にするか、というものであった。戦国大名は、国衆を味方に付けることで、その分だけ広大な領国を形成できたのであった。戦国大名同士の抗争を規定していたのは、実はそうした国衆の動向にあったのである。

戦国大名と国衆は、ともに戦国時代になって誕生した、同質の領域国家にあたる。領域国家ということは、その本拠は、その領国の首都の性格を持った。それまでの日本社会において都市といえば、京都・奈良・鎌倉などきわめて限定されていた。ところが国衆が展開したことで、各地に都市が叢生されていった。例えば、埼玉県でいえば、川越（河越《かわごえ》）・岩槻（岩付《いわつき》）・東松山（松山）・寄居《よりい》（花園・鉢形《はちがた》）・行田《ぎょうだ》（忍《おし》）・深谷・羽生《はにゅう》・騎西《きさい》（崎西）・菖蒲といった地域の中心地は、すべて国衆の本拠に始まっている。それが江戸時代に大名家や幕府の支配拠点として継承され、それがさらに近代になっても地域的中心地として継承されたものになる。

現在にもつながる地域的中心地は、国衆の成立にともなって誕生したものであった。そして国衆こそが、戦国大名の基礎を構成し、その政治動向を規定していたのであった。このことからみて、戦国時代の主役は、戦国大名ではなく、むしろ国衆にあったとすらいっていいほどであろう。あらためて戦国時代を理解するうえにおいて、国衆という存在の重要さが認識されることであろう。そして本書において、その役割を果たしていくことにしたい。

第一章では、そもそも「国衆」とはどのような存在をいうのか、その用語の内容について取り上げる。歴史認識のうえで用語の内容理解は非常に重要であり、内容を誤解してしまっては十分な理解はできない。ここでしっかりと用語の内容を確認してもらうことにしたい。そして第二章では、国衆の成立過程について、具体的に取り上げる。これによって国衆という存在が、それまでの時代に存在した領主とは、どのように性格が違うものなのか認識することができることになろう。

第三章・第四章では、戦国大名との関係について取り上げる。国衆は、いずれかの戦国大名に従属し、その政治的統制下にあったが、ではその戦国大名との関係は、具体的にはどのようなものであったのかについて取り上げる。第三章では小田原北条家の場合、第四章では上杉謙信の場合について、取り上げていく。国衆が、戦国大名家の一門衆や譜代家臣と、どのように性格が異なっていたのか、具体的に理解することができることになろう。

続く第五章・第六章では、今度は国衆そのものに視点を据えて、戦国時代における具体的な動向を取り上げる。第五章では上野《こうずけ》国新田《にった》領の岩松・横瀬（のち由良）家を、第六章では信濃国上田領・上野国沼田領の真田家について、取り上げていく。国衆の動向が、戦国大名の動向にどのような影響を与えていたのか、その動向をどう規定していたのか、具体的に認識することができることになろう。

最後の第七章では、国衆の立場から戦国大名へと転化した、安芸《あき》毛利家・三河徳川家・土佐長宗我部《ちようそかべ》家・肥前竜造寺《りゆうぞうじ》家について、戦国大名化までの過程を取り上げる。すでに周囲に戦国大名が存在し、その従属下に位置した状態から、どのような経緯によって、自らが戦国大名に転化したのか、その過程を簡単ながらも辿ることにしたい。数多く存在した国衆のなかで、それらだけがどうして戦国大名に転化できたのか、その具体的な条件などを認識することができるであろう。

本文中において、以下の史料集については略号で表記した。
『戦国遺文　後北条氏編』：戦北
『戦国遺文　真田氏編』：戦真
『上越市史　別編1』：上越

第一章　国衆とは何か

「国衆」の定義

まずはじめに、本書で取り上げていく国衆という存在がどのようなものであったのか、言葉の定義から述べていきたい。私が使用している「国衆」という用語は、学術概念、分析概念としてのものである。国衆という語そのものは、室町時代から戦国時代にかけて一般に使用されていた普通名詞にすぎない。その意味は、「その国・地域の人（実際には有力者）」というものであり、同種の用語に「国人《こくじん》」などがある。

その用語をもとに、私は「国衆」という学術概念を構築したのである。それは当初、小田原北条家が使用していた「他国衆」という用語からきている。「他国衆」は「当国衆」の対義語で、「他国の人（有力者）」という意味でしかないが、北条家における他国衆のほとんどは、実態としては自立的な領域国家として存在していた。そしてそのような存在について、他の戦国大名家では、単に「国衆」と称されている事例が散見されるため、「国衆」という用語を用いるようになったのである。

では私のいう「国衆」とはどのように定義付けられるものか。それはすなわち、戦国時代において、およそ一郡ないしそれ以上の規模で、一円的・排他的な領国を形成し、一族や従来からの被官にとどまらず、周辺領主をも包摂して、領国内のすべての領主層を一元的な主従制・知行《ちぎょう》制による家臣団（「家中《かちゅう》」「洞《うつろ》」と称された）に編成し、その領国を全くの自力によって統治する領域権力、というものになる。そしてその領国は当時においても「国」と称された。そのため国衆の領域権力としての性格は、一個の自立的な国家とみることができ、それゆえその性格は領域国家と認識できるものとなる。

ここでのポイントになるのは、一定領域を統治する領域権力、ということである。その具体的な内容については、以下の本文で述べていくことになるが、ここではあらかじめ簡単にその概略を述べておくことにする。そのほうがこれから本文を読んでいくうえで理解の助けになるだろうと思うからである。

領域権力というのは、個別の領主による所領支配と区別される領主権力の在り方になる。そうしたものが日本列島上に登場してくるのが戦国時代であり、その具体的な存在が戦国大名と国衆である。したがって室町時代までは、そのような領域権力は存在していなかった。

領主支配の対象になっていたのは所領で、その単位は大抵、庄・郷や村であった。領主は、そこから租税として年貢（耕地などの生産財を対象にした地代《ちだい》のようなもの）・公事《くじ》（主として労働力徴発や年貢以外の種々の目的税）を収取（取り立て収めさせること）した。領域権力も、年貢を収取する所領を有しており、それは直轄領・料所《りょうしょ》などと称され、家臣などの所領とは区別された。領域権力を領域権力たらしめているのは、そうした直轄領に限らず、領国全域を対象に、家臣などの所領にも、直接に（実態は家臣による間接納入の場合もあるが、賦課主体は領域権力）、公事を賦課し、徴収するところにある。

そのように領域権力が、家臣などの所領に直接に賦課する公事は、大抵は「国役《くにやく》」などと称され、基本的には普請《ふしん》役・陣夫《じんぶ》役など、戦争遂行にあたって必要な負担であった。領域権力は、それを領国に編成しているすべての村に対して、賦課したのである。それは直轄領への支配とは異なるものであり、さらには家臣らによる所領支配とも異なるものになる。そのためそうした支配の在り方を、領域支配と把握することができる。

領域権力とは、つまるところ領域支配を展開する領主権力であり、国衆とはそれを自立的におこなう存在となる。ここでの自立的というのは、国衆の上位に位置した戦国大名から、全く規制をうけない状態をいう。国衆は、領国支配は自立的におこなうが、軍事的・政治的には独立を維持できなかったため、戦国大名に従属、服属する関係にあった。しかし領国支配の内容については、戦国大名から干渉されることはなかった。また戦国大名から直接、国衆の領国の村に対して、公事などが賦課されることも、基本的にはなかった。そのため国衆による領国支配は、戦国大名から自立的におこなわれていたと認識できるものとなる。それゆえ、戦国大名の領域支配と、国衆の領域支配は、外見上は全く区別のつかない、同質のものになる。この意味において戦国大名と国衆は、ともに独自の領国と家臣団を編成する、同質の領域権力ということができる。

戦国大名は、数郡から一国以上の規模の広域の領国を統治する領域国家であり、領国内部では、一門・家臣による領域支配もみられていた。それら一門・家臣と国衆は、ともに戦国大名の領国下で領域支配をおこなうものとして同列に位置した。したがって外見的に、国衆とそれら一門・家臣との判別は難しい。しかしその性格が決定的に異なっているのは、戦国大名との関係の在り方にみられた。一門は戦国大名家の一族であり、家臣は戦国大名家の家中構成員にあたる。しかし国衆は、戦国大名家の構成員ではなく、あくまでも家組織の外部に位置した、「外様」であった。それはのちの江戸幕府の場合における、「外様大名」に該当する。そして一門は「御三家」「親藩」、家臣は「譜代」にあたる。江戸幕府の権力編成は戦国大名のそれの延長に位置していたのであった。そのため私は、戦国大名からの位置付けを表現する際には、国衆を「外様国衆」とも表現している。

「国衆」としての定義は、おおよそ以上のようになる。それは、国衆という一般名詞をもとに学術概念として構築したものになる。前近代を対象にした歴史研究においては、当時の用語をもとに歴史用語を生み出す行為がしばしばみられている。例えば「幕府」である。幕府とは、将軍の陣営を指す用語にすぎないが、それを「鎌倉幕府」などのように、歴史用語化している。有力者を示す「大名」という用語をもとにした、「守護大名」「戦国大名」も同様である。近年では「惣無事令《そうぶじれい》」もその一つになる。「惣無事」という史料用語をもとに、豊臣政権の大名統制原理を、歴史用語として表現しようとしたものになる。

しかし国衆は、当時に使用された一般名詞そのものであるだけに、史料用語との混乱を生じさせやすいことも事実である。私の国衆論に対して、実際にも他の研究者などから、史料用語と乖離している場合があることを指摘されることもある。けれども概念と史料用語との内容の一定の乖離は、歴史研究にはつきものである。概念とは、ある事態の本質を把握するために編み出した仕掛けなのであるから、史料用語とすべての内容について必ずしも一致しないことは、当然おきうる。むしろ歴史研究において大切なことは、概念の内容を理解、把握し、その内容が適切かどうかを検証することであり、自身の経験的な史料読みからきている感覚との相違を問題にすることではないはずである。

したがって問題とすべきは、設定した概念の内容が、適切であるのかどうか、さらにはより適切性を高めていく作業であろう。概念と本質的に関係のない用語名称の問題は、歴史認識のうえにおいては副次的、派生的なものにすぎない。しかしそれでも、より適切な用語を考えていくことにやぶさかではない。

「国衆」が史料用語そのものであり、それとの区別がつきにくいというのであれば、区別のために「戦国国衆」と呼んでもよいかもしれない。大名権力を、時期により戦国大名・豊臣大名というのと同様である。ただ私の国衆概念は、戦国時代に特有のものであるから、「戦国」を冠することは本質的には不要なのであるが。あるいは、戦国時代の末期から江戸時代にかけて、「大名」の対義語にしてそれよりも規模の小さいものについて、「小名《しょうみょう》」という用語があったから、「戦国小名」と呼んでもよいかもしれない。とりわけ豊臣政権期の「小名」は、実態として戦国時代の国衆にほぼ対応している。

けれども近時、平山優氏が示しているように（『戦国大名と国衆』）、戦国時代における「国衆」という用語は、実際にも領域権力を指して用いられていることが、全国的かつ豊富な事例で確認されている。この意味では、史料用語と概念は十分に対応していると認識できるのである。どの用語を定着させていくかは、それこそ多くの研究者の選択に委ねることにしよう。しかし大事なことは、あくまでも概念の内容であることを、ここでの最後に再度強調しておきたい。用語の名称自体の問題は、あくまでも概念との関係から取り上げるべきなのである。

「国衆」論の登場まで

私が国衆として概念化した領主権力の存在は、当然ながらそれまでの研究においても認識されていた。そしてそこでは、いくつかそれを表現する概念用語も生み出されていた。私がそれらの用語を使用しないで、それらと異なる国衆という用語を使用したのは、それらの概念が適切ではないと考えたことによる。ということは、そこでの概念が適切なものであれば、私の国衆論が生まれることはなかったであろう。現在でも、それらの用語をめぐる混乱が解消されていないこともあり、ここでその状況について簡単に触れておきたい。

今から五〇年以上前になる一九六〇年代までは、中世武家領主としての在り方について、鎌倉時代の幕府御家人に代表される「在地領主制」が、南北朝内乱を経て所領の領域化をすすめて、室町時代には一定領域を一円的に支配する「国人領主制」に展開し、さらに戦国時代に、他の武家領主を家臣団に編成するなどして広域的な領国を形成し、戦国大名へと「発展」していく、という筋道が想定されていた。「在地領主」「国人領主」「戦国大名」は、ともに同質の領主制の発展形態として理解されていたのであった。

転機がみられたのは、一九六〇年代末に、上野国新田庄（群馬県太田市周辺）の岩松家、それに取って代わった横瀬・由良家を事例に、峰岸純夫氏が「地域的領主」論を提起したことであった（『中世の東国――地域と権力』）。関東における室町時代から戦国時代への転換をもたらした享徳《きょうとく》の乱（一四五五～八三）のなかで、室町時代に「国人領主」であった岩松家は、庶子（惣領の一族）と被官を同列の家臣団（「家中」）に編成し、庶子らの所領を自らの所領に組み込んで、本拠を中心にした一円的な所領（「領」、私のいう領国）を形成し、自立的な「領」支配と「家中」支配をおこなう領主権力への転換がみられたことを明らかにし、それを「地域的領主」と名付けたのである。

事例としてあげられている岩松家や横瀬・由良家は、もちろん私のいう国衆にあたる。そうした存在について、峰岸氏は室町時代の「国人領主」との違いを、すなわち質的に転換したことを見いだしたのであった。それまでは「国人領主」が発展して戦国大名になっていくという考え方にあったから、これは大きな発見といえる。しかし峰岸氏は、その状態を、戦国大名の支配下に入るまでの在り方、と認識した。戦国大名の支配下に入る（私がいう従属、服属）と、その領主制は解体されるという見通しを立てた。それは由良家が、北条家への離叛のうえで再従属した後に、領国の新田領に北条家の勢力がおよんだことをもとにした理解であった。そのため「地域的領主」は、戦国大名の支配下に入ると、そこでの自立性は喪失され、戦国大名はそのような方法で領国を拡大すると理解されていった。

次なる転機は、それから一〇年後の一九七〇年代末、甲斐《かい》国の河内《かわうち》領（山梨県南西部）の武田穴山家と郡内《ぐんない》領（同東部）の小山田家を事例に、矢田俊文氏が「戦国領主」論を提起したことであった（『日本中世戦国期権力構造の研究』）。戦国大名武田家の配下にあった穴山武田家と小山田家が、ともに独自の判物《はんもつ》（花押《かおう》を据えて出した公文書）・朱印状（朱印を押捺して出した公文書）によって領域支配を展開していることをもとに、両者は最後まで自立的な領域支配を展開したことを明らかにした。その領主の在り方を「戦国期における基本的な領主」として位置付けた。そして上位の武田家による統制は、「守護権」（その内実は明確にはなっていないが）をもとにしたもので、武田家の「国中《くになか》」地域（山梨県中央部）支配は両者の地域支配と同質のものであり、武田家の両者を統制下においた戦国大名（矢田氏は同用語を拒否し「戦国期守護」を用いるが）としての性格は、両者との連合体制であった、との見通しを立てた。

事例としてあげられている穴山武田家と小山田家も、私のいう国衆にあたる。ただしその後の研究で明確になってきたことであるが、穴山武田家は武田家への従属後はその一門衆に位置し、小山田家は従属後は譜代衆に位置しつつも、武田家と婚姻関係があったため親類衆として位置しており、純然な国衆からは性格を変化させている。しかしそれでもその領域支配の基底は、それ以前に確立した自立的な国衆としてのものであったことは間違いない。そしてそれは、それぞれの滅亡まで継続されたことも間違いない（拙著『戦国期領域権力と地域社会』）。

この「戦国領主」論は、峰岸氏の「地域的領主」論を承知しないなかで、いわば別方向から提起されたものであった。そのためその議論には対応していない。しかしそれでも、自立的な領域支配は、戦国大名の統制下にあったなかでも維持されていたことを明確に提起するものであった。これにより自立的な領域支配を展開する領主についての、領域支配の実態の解明や、戦国大名が何によりそうした領主を統制下においていたのか、そしてその関係の在り方はどのようなものであったのか、についての追究がすすめられていった。

ただしこの「戦国領主」論は、自立的な領域支配の指標を、判物・朱印状の発給に設定しているため、所領支配との弁別がなされていない。そのため単なる所領支配のために判物・朱印状を出している事例についても、「戦国領主」と把握してしまうことになり、それにより領域支配の内容そのものが、不明確なものになっている。その後でも、矢田氏の提起を継承して、例えば村井良介氏は、戦国大名毛利家での事例で「戦国領主」論を展開しているが（『戦国大名論』など）、同じ問題を抱えたままであり、根本的な問題の解決は示されてはいない。さらに峰岸氏は、近年になってかつて「地域的領主」としたものを、あらためて「戦国領主」と呼称するようになっているが（『享徳の乱』など）、その概念内容は、現在の研究水準に照らして、十分なものとして提示されているとはいいがたい。

そもそも「領主」という用語自体が概念用語として用いられているもので（この時代の史料用語は「地頭」「給人《きゅうにん》」など）、基本的には所領から年貢・公事を収取する存在をあてている。しかし領域権力について「戦国領主」と表現することは、戦国大名・国衆の家臣による所領支配を捨象しているに等しく、それとの領主制の違いを表現できなくなっている。領域支配は、個別の所領支配とは異なる次元における領主制であるので、所領支配での領主制を捨象してしまっている概念に、有効性は認めがたい。

「領域支配とは何か」の発見

戦国時代に一定領域を一円的・排他的に支配する領域権力が存在した。それは室町時代の武家領主制からの発展ではなく、戦国時代になって戦乱の恒常化にともなって生じた変質であった。そのような存在を、「地域的領主」あるいは「戦国領主」と表現してきていたが、いずれも内容に前記したような不十分さが認められた。それらの不十分さを克服して提起したのが、国衆論になる。そこでのポイントは、個別の所領支配と弁別される領域支配の在り方の把握であり、戦国大名と国衆との関係の在り方の把握にあった。

領域支配の在り方の把握は、国衆研究から達成されたのではなく、それは戦国大名による領域支配の解明によるものであった。私は一九八〇年代末から一九九〇年代半ばにかけて、戦国大名北条家を題材に、戦国大名の領域支配の在り方を追究した（『戦国大名北条氏の領国支配』）。そこでは、北条家が直轄領・給人領・寺社領を問わずに、領国の村すべてを対象にした「国役」の賦課・徴収の体制と、地域支配を管轄した支配拠点たる支城《しじょう》（北条家の本拠城郭・小田原城を本城と称することとの対比）に配属された軍団への軍事指揮の在り方をもとに、領域支配の体制について解明した。

北条家の領国支配は、領国の各地に設定された支城が、一定領域の行政支配を管轄するという方式がとられていた。支城が管轄する支配領域は、「郡」「領」と称された。支城には、領域支配を統括する一門・家臣と、行政実務や領域防衛を担う家臣が配属された。支城による領域支配の基本は、「国役」賦課であり、それを担う領域支配の担当者を「郡代《ぐんだい》」といった。この役職には家老が就任した。支城配置の領域支配の担当者には、この郡代の機能に加えて、支城に配属された軍団への軍事指揮を担った存在があった。そのように行政と軍事とが一体的に管轄された支配領域については、とくに「支城領」と称している。その領域支配者については、総称して「支城主」と称しているが、さらに、支城領に対する領域支配の権限と在城衆に対する権限の違いをもとに、「城代」「城主」「支城領主」と階層区分される。このうち「城代」は、「一族」の家格にあった家老の最上位層が就任し、「城主」「支城領主」は「御一家衆」と称された一門が就任した。そのなかでも「支城領主」は、元来は国衆の領国を継承したもので、その領域支配は国衆と同じく自立的に展開された。

このように領域支配者の権限の違いによって、「郡」や支城領の性格が異なっていた。

その違いを見いだすポイントは、まずは領域支配者の発給文書が、領域支配のために出したものなのか、個別の所領支配のために出したものなのか、の弁別にある。北条家の場合、永禄《えいろく》二年（一五五九）に作成された「北条家所領役帳《しょりょうやくちょう》」という史料があり、家臣の所領の所在地が把握できる。さらに北条家の「国役」の内容も解明されている。そのため領域支配者が出した文書について、その内容と対象から、それが領域支配のためのものか、所領支配のためのものかの判別がつくのである。

そのうえで、一門の政治的性格の問題が加わる。一門には、本来、北条家当主の権限であったものを委譲されている場合があった。「国役」は、一門の所領の場合、その賦課を免除されて、その徴収権は一門に認められた。さらに支城はその持城《もちじろ》とされ、支城配属の家臣はすべてその一門の家臣団とされた。このようにして支配領域内に所在する自身の所領については、独自の充行権《あてがい》（所領を与えること）・安堵権《あんど》（所領の領有を保証すること）・裁判権や「国役」の差配権などを認められ、家臣に対しては軍役賦課権を認められた。この場合、一門のその所領に対する立場は、北条家当主と外見的には変わらなくなる。

ここで留意しておかなくてはならないのは、郡代・城代・城主が管轄する郡・支城領には、領域支配者とその家臣以外の所領が一般的に存在していた、ということである。それこそ北条家当主の直轄領や自身以外の一門・家老の所領も、散在して普通に存在していた。

逆に、一門・家老の所領も、自身が領域支配を担当していない地域に、散在して普通に存在していた。そのような状態のなかで、一門は一門という高い政治的地位にあるがゆえに、その所領について、他の領域支配者からの支配を排除できるような特権を認められていたのであった。

そして支城主のなかでもっとも多くの権限を認められていたのが、支城領主になる。これは城主までとは在り方が根本的に異なっている。すなわち支配領域そのものが、支城領主の知行分とされ、領域内に存在する領主すべてが家臣とされていた。そのため北条家当主が賦課する「国役」も、基本的には賦課されなかった。それは北条家当主の支配文書が、それらの領域には基本的に発給されていないことで判明する。私はこれを武蔵《むさし》岩付領（埼玉県さいたま市周辺）について検討するなかで発見した。これは領域そのものが知行分とされていたことに対応している。そして北条家の「国役」に相当するものを、支城領主は自らの権限で、領域のすべての家臣と村に賦課していた。このような状態は、外見的には一個の大名権力となっている。

しかしこの支城領主としての在り方がみられたのは、きわめて限定されていて、かつ特別の理由があった。これに該当したのは、北条氏照《うじてる》の武蔵八王子領（東京都西部・埼玉県南西部）・下野《しもつけ》小山《おやま》領（栃木県小山市周辺）、北条氏邦《うじくに》の武蔵鉢形領（埼玉県北西部）、太田源五郎・北条氏房《うじふさ》の武蔵岩付領、北条氏忠《うじただ》の下野佐野領（栃木県佐野市周辺）だけであった。そしてこれらはいずれも、先行して存在していた国衆の領国を継承したものであった。八王子領は大石家と三田家、小山領は小山家、鉢形領は藤田家、岩付領は岩付太田家、佐野領は佐野家の領国をそのまま継承したものであった。

ここに支城領主と国衆との、領域支配における在り方に共通性が見いだされることになった。しかも支城領主が独自に賦課する「国役」は、例えば、北条氏房が賦課する大普請《だいぶしん》役の「番普請《ばん》」「地普請《じ》」が、岩付太田家段階の「着到付普請《ちゃくとうつき》」「岩付地普請」をそのまま継承したものというように（拙稿「北条氏房の研究」拙編『北条氏房』所収）、前代の国衆段階のものをそのまま継承するものであった。支城領主による領域支配が、前代の国衆の領域支配をそのまま継承したものであったことがわかり、支城領主の領域支配の在り方の特別性は、それに由来したことが認識された。

「国衆」の発見

こうして北条家の領域支配制度の解明を遂げた私は、続いて国衆の領国支配について解明をすすめた。すでに先行研究により、穴山武田家と小山田家については、自立的な領域支配が確認されていた。その後では、駿河《するが》今川家配下の駿河葛山《かつらやま》家（有光友学『戦国大名今川氏と葛山氏』）や北条家配下の武蔵成田家（市村高男『戦国期東国の都市と権力』）、岩付太田家（新井浩文『関東の戦国期領主と流通』）、上田家（拙編『武蔵上田氏』）などについても、確認されるようになっていた。そのような状況をうけて私は、一九九〇年代を通じて、北条・武田・越後上杉家の勢力の衝突地帯となっていた上野国の国衆について網羅的に検討し、その領域支配の在り方と従属先の戦国大名との政治関係の在り方について解明をおこなった（『増補改訂戦国大名と外様国衆』）。

上野国は、それを本国とした戦国大名として、当初は山内《やまのうち》上杉家が存在していたが、同家は天文二一年（一五五二）に北条家によって滅亡させられ、その後は、天正《てんしょう》一〇年（一五八二）に甲斐武田家が滅亡するまで、北条・武田・越後上杉家という国外の戦国大名が、領国化をめぐって抗争し、その主要な舞台となっていた。天正一〇年の武田家滅亡後、北条家による領国化が本格的にすすめられ、上野の国衆は、北西部の信濃真田家を除いて、すべて北条家に従属した。その関係は、北条家が滅亡する天正一八年の小田原合戦まで継続された。

小田原合戦まで北条家の従属下にありながら存続していた国衆には、新田領・桐生領（桐生市周辺）の由良家、館林領（館林市周辺）・下野足利《あしかが》領（栃木県足利市）の館林長尾家、小泉領（大泉町）の富岡家、厩橋《まやばし》領・大胡《おおご》領（前橋市周辺）の毛利北条《きたじょう》家・大胡家、今村領（伊勢崎市）の那波《なわ》家、白井《しろい》領（渋川市周辺）の白井長尾家、国峰《くにみね》領（群馬県南西部）の小幡《おばた》家、安中《あんなか》領（安中市）の安中家、赤坂領（高崎市）の和田家、倉賀野《くらがの》領（高崎市）の倉賀野家、箕輪《みのわ》領（高崎市）の内藤家、惣社《そうじゃ》領（前橋市）の相木依田《あいきよだ》家などが存在していた。

このうち倉賀野家以下は、支配領域も狭く、自立的な領域支配を展開していたのかは十分に確認できない。しかしそれより前にあげた、由良家から和田家までは、一定領域の領国を形成し、領国内の領主からなる独自の家臣団を編成し、自立的な領国支配を展開していたことが確認できた。

それら国衆による領国支配のための発給文書は、きわめて少数が残されているにすぎないため、穴山武田家・小山田家や葛山家などの場合のようには、領国支配の実態を十分に認識することはできない。けれどもそれらの領国に、戦国大名の支配文書が基本的には出されていないことから、逆にその領国支配の自立性を認識することができるのであった。

ただしそのうち、毛利北条家・由良家・館林長尾家は、天正一〇年代にあらためて北条家に従属した際に、謀叛への制裁として、本拠と所領一〇〇〇貫文《かんもん》を没収され、それぞれの本拠の厩橋城・金山《かなやま》城・館林城とその城付《しろつき》所領一〇〇〇貫文は北条家に管轄された。峰岸氏が、由良家の場合について、戦国大名の支配下に入ることで、「地域的領主制」が解体した、と認識したのは、その状態からきている。しかしその他の国衆の事例をみれば、それらの本拠・城領の没収は、きわめて異例のことといえ、したがって国衆についての本質理解を左右する事柄とみなすことはできない。没収された所領以外については、依然として自立的な領国支配を展開していたからである。

こうして国衆の領国支配における自立性は、最後まで維持されるものであったことが明確になった。戦国大名に従属したとしても、その性格が変わることはなく、峰岸氏の見解は不十分であったことが判明した。またこのことによって、かつて武蔵上田家などについては、自立的な領国支配を展開しながら、北条家に従属していたことをもって、北条家の「支城主」になったと理解する向きもあったが、そのような理解も不要になった。素直に国衆として理解することができるようになったのである。

そしてこれらの国衆は、北条家が上野に進出する以前から、存在していたことも明確になった。越後長尾景虎（上杉謙信）が永禄三年（一五六〇）に関東に侵攻してきた際、長尾景虎に参陣した関東諸将を列記した史料に「関東幕注文《かんとうまくちゅうもん》」（上越二七二）があり、それによって本拠を有して独自の家臣団を編成する武将の存在を認識することができる。例えば、新田横瀬（由良）家とその家臣団については、「新田衆」として記載され、当主の横瀬成繁《なりしげ》とその一族・家臣が列記されるという具合である。そこで「〇〇衆」というまとまりが、国衆の本拠城郭と、国衆とその一族・家臣団の内容を示していた。

しかもそれらの武将は、それ以前での山内上杉家の領国段階の状況を反映していると認識されるものであった。その顔ぶれは、沼田家・岩下斎藤家・白井長尾家・惣社長尾家・厩橋長野家・大胡家・箕輪長野家・新田横瀬（由良）家・桐生佐野家というものであった。いずれも領国を形成する国衆として認識できるものであった。また当時、長尾景虎に参陣せず北条方の立場を堅持していたため同史料には記載されていないが、同様の国衆として存在したものに、国峰小幡家・赤石《あかいし》那波家・館林赤井家があった。

この上杉謙信の関東侵攻以降、上野国では北条・武田・上杉三者による領国化が繰り広げられ、それらの国衆は、いずれの戦国大名に従属するか、という行動をみせるものとなった。その戦乱のなかで、戦国大名の攻撃などにより滅亡したものも少なくない。沼田家・厩橋長野家・大胡家・那波家・赤井家は上杉家によって滅亡させられた。沼田領は上杉家の直接支配下におかれ、厩橋領・大胡領は重臣毛利北条家に与えられ、大胡家は毛利北条家の一族により継承された。那波領は横瀬家に与えられたが、のちに那波家は復活をみせた。館林領は足利長尾家に与えられた。岩下斎藤家・箕輪長野家・惣社長尾家・白井長尾家は武田家によって滅亡させられた。岩下領は信濃国衆の真田家に領域支配が委ねられ、箕輪領・惣社領・白井領は武田家の直接支配下におかれたが、白井長尾家はのちに復活をみせた。桐生佐野家は由良家によって滅ぼされた。

そしてその後に国衆として出てきたものは、それらの国衆の同心《どうしん》（国衆の家中ではなく軍事的に与力《よりき》する関係）であった。安中家は惣社長尾家の同心、和田家・倉賀野家は箕輪長野家の同心であったが、戦国大名の侵攻をうけて主家から離叛して、個別に戦国大名に従属することによって、自立的な国衆へと転化した存在になる。また北条家の段階で、それまでにみられなかった国衆に、内藤家と相木依田家があったが、内藤家は武田家の譜代家老で箕輪領に「郡司」（ほぼ北条家の城代に同じ）として配置されたものが、武田家滅亡後に国衆として自立し、北条家に従属したものであり、相木依田家は信濃国衆であったが、やはり武田家滅亡後に北条家に従属し、上野に移住してきたものになる。

そのように国衆の顔ぶれには、戦国の戦乱を通じて興亡がみられ、一定の変化がみられた。山内上杉家の段階から、北条家の段階まで、国衆として存続したのは、一旦の没落、復活の場合を含めても、白井長尾家・那波家・由良家・小幡家にすぎない。しかしその場合に注目しておきたいことは、滅亡したとはいえ国衆の領国の枠組みは、安中・和田・倉賀野家など同心の立場から自立したものを除いた部分については、滅亡後においても基本的にはそのまま維持されたことである。沼田領・岩下領（のち岩櫃《いわびつ》領）・箕輪領・惣社領・館林領・桐生領は、その後においても、戦国大名や国衆による領域支配の単位として継承された。

このことは国衆によって形成された領国の枠組みは、以後の戦国時代を通じて基本的に維持されたことを意味する。場合によってそれは、江戸時代において領国大名家領（いわゆる藩領）の枠組みとして継承され、さらには近代における行政区分にも継承されている。国衆の領国範囲を復元しようとする際、現代の行政区分にそのまま対応している場合が少なくないのである。国衆の成立という事態が、戦国時代において、さらにはそれ以降から現在にいたる、地域関係の基本的な枠組みを生み出した、歴史的に重要な事態として認識することができるであろう。

戦国大名との関係

国衆という存在を認識するうえでもう一つの重要な問題が、従属先の戦国大名との政治関係の在り方である。これに関して矢田俊文氏は、内容を必ずしも明確に示していないものの、それを「守護権」によるものとした。しかし実際はどうであったのか。

国衆は元来、戦国大名の譜代家臣ではなかったから、戦国大名と国衆との関係は、基本は敵対関係からはじまった。それを戦国大名側が働きかけるにしろ、国衆側から働きかけるにしろ、国衆がその戦国大名に従属することで、戦国大名と国衆との間には、統制・従属関係が成立する。その際に、戦国大名と国衆は、相互に起請文《きしょうもん》を作成して交換した。

両者の関係は、対等の大名同士の場合のような同盟ではなく、大名を主人、国衆を家来とする上下関係をともなった、主従関係であったから、起請文の内容も対等ではない。そこでは大名は国衆に対し、領国・家臣団とその維持、すなわち進退の維持を保証した。国衆は大名に対し、進退を維持されることへの対価として忠節を働くことを誓約した。

そして国衆は、大名への誓約の証しとして、「証人」を大名のもとに差し出した。すなわち「契約の証し」としての人質である。その証人には、母や幼少の子どもなどがあてられた。当然ながら、国衆が離叛して敵方の大名に従属した場合は、国衆による契約違反として、大名はその証人を処分、すなわち殺害することになる。また直接的な服属を示す儀礼として、大名が出陣してきた場合にその本陣に出仕することや、大名の本拠に参向すること（大名の本拠は「府」と称されたので「参府」と表現された）がおこなわれた。ただしこの大名本拠への参府は、戦乱が継続していたため、めったにおこなわれなかった。

大名が国衆の進退を維持するというのは、その領国と家臣団をそのまま維持することを承認するもので、それは「知行（所領のこと）・馬寄《うまよせ》（もしくは「同心」、家臣のこと）」の安堵と表現された。しかし同じく所領・家臣の安堵であっても、譜代家臣の場合には、所領とその規模（「高《たか》」と表現された）が明示された判物か朱印状が出されたが、国衆に対しては、単に「知行・馬寄」と記すのみの、総体としての安堵であった。したがってその内容について、隣接する国衆との間での所領の領有をめぐる紛争などが生じない限り、大名側が明確に把握することはなかった。

また譜代家臣の場合、所領の規模に応じて、大名から所領役（軍役・普請役・出銭《しゅっせん》など）が課された。そのためその数量は、軍役であれば五六人といった具合に（戦北五〇六）、端数がみられるのが通常になる。それに対して、国衆については、基本は軍役が課されるのみで、臨時の場合に普請役・出銭が課されるにすぎず、しかもその数量は国衆の領国の規模に明確に対応したものではなかった。もちろん大名側では、その領国のおおよその規模は認識できていたが、軍役についても、例えば二〇人（戦北二四四一）とか二〇〇人（戦北三九五三）というように、切りのいい数値で命令されるだけであった。

大名が国衆の領国を保証するというのは、国衆を敵方大名の攻撃から保護する、ということであった。そのため大名は、国衆が敵方大名から攻撃をうけた場合には、敵方大名を迎撃するために出陣したり、救援の軍勢を派遣するなどの軍事支援をしなければならなかった。対して国衆が大名に忠節を働くというのは、大名の軍事動員に応えて出陣することであった。したがって国衆による忠節は、軍事動員に応じているかどうかによって認識されたとすらいえる。大名による動員は、あからさまな命令というのではなく、依頼、要請という体裁で示された。しかしこれを拒否すれば、大名への敵対行為と認識されたから、その大名への従属を継続する限りにおいては、参陣を拒否することはできなかった。参陣を拒否することは、その大名から離叛し、敵対することを意味した。その意味において、国衆は大名を主人と仰ぐ、家来の立場にあった。しかし家来としての立場は、譜代家臣とは本質的に異なる性格にあり、そのため大名からも、主として「味方」と表現された。

このように大名と国衆との関係は、大名は国衆の領国を保護し、国衆は大名からの軍事動員に応じる、というかたちで示された。敵方大名との境目に位置していた国衆は、本拠にあって、領国を維持していることが大名への忠節と認識された。しかし本拠周辺が従属先の大名の勢力圏で安定すると、軍事動員は他の地域の戦争でおこなわれることになる。それは例えば、武蔵や下総《しもうさ》・上総《かずさ》の国衆が、自国から遠く離れた上野・下野や駿河・信濃に出陣するようなことになる。大名からの不断の軍事動員に応じる、それが国衆が大名の従属下にあることを、双方で確認することができた、何よりの事柄であった。

しかし国衆が大名からの軍事動員に応じたのは、領国の維持が果たされている限りでのことであった。敵方大名からの攻撃をうけているにもかかわらず、軍事支援が十分におこなわれなかった場合、国衆は簡単に離叛し、敵方大名に従属した。国衆にとっては、大名への忠節よりも、領国の維持が大切であったからである。そもそも大名への忠節は、領国維持への尽力への対価であったから、それが果たされないということは、国衆にとっては、それこそ大名による裏切りと認識されたことであろう。

例えば上野国衆は、北条・武田・上杉の三大名の間を、従属と離叛を繰り返しながら、存続を遂げた存在になる。北条家が上野に進出してから、小田原合戦の時期まで、一度も北条家から離叛したことのない国衆は、一つとして存在していない。また下総・上総の国衆は、北条家と房総里見家との間で、従属と離叛を繰り返していた。大名は、離叛された後に再従属してきた場合にも、あからさまな処罰をおこなわなかった。せいぜい従属後に新たに与えていた領国を取り上げたり、当主を嫡男に交替させる程度であった。先に触れた、北条家による毛利北条家・由良家・館林長尾家に対する、本城・城付所領の取り上げは、かなり厳しい処罰にあたっている。そうしたことがあまりおこなわれなかったのは、国衆の存続を認め、何よりも味方に付いてもらうことを優先したからである。

戦国大名と国衆との統制・従属関係というのは、おおよそこのような在り方にあった。その関係の根幹は、軍事保護にあったといってよい。国衆は独自の領国と家臣団を有し、それを自立的に維持していた。しかし戦国大名同士の抗争のなかで、単独で大名に対抗することは難しかったため、他方の大名に従属して、その軍事保護をうけることで、自立的な領国を維持したのである。そしてその大名との関係は、簡単にいえば、契約に基づいた緩やかな主従関係、と表現できるであろう。したがってそれは「戦国領主」論が想定した

「守護権」などのように、室町時代までにみられた職掌に基づいたものではなかった。それはあくまでも、戦国時代になって生まれた、戦国時代特有の政治関係として認識すべきなのである。

第二章　国衆の成立と構造

国衆の成立を考える

この章では、国衆の成立の過程とその構造について、明らかにしていく。国衆は、その定義に明らかなように、一定領域を一円的・排他的に統治する領国を形成している存在になる。したがって国衆の成立とは、そのように一円的な領国の形成過程をみればよいことになる。ところがそれは簡単ではない。というのは、実際には、ある領主が国衆として存在している、という事態によって、国衆としての存在をはじめて認識できるからである。

国衆の領国の範囲を復元するうえで、もっとも基本の史料になるのは、国衆が領国統治のために出した発給文書である。しかしそれは、戦国時代後期になっても概して残存数は少なく、残されている文書に出てくる地名を拾っただけでは、領国の範囲は復元されない。そのため領国範囲の復元にあたっては、いくつか補助線の導入が必要になる。一つは、隣接する国衆の領国との棲み分け状況の想定である。隣接する国衆の支配下にある地域を確認し、それと重ならない状況を想定することである。もう一つは、上位の戦国大名による領国支配との棲み分け状況の想定である。国衆の領国には、基本的には戦国大名による直接の領国支配はみられないから、それと重ならない状況を想定することである。この二つの作業をおこなうことで、ようやくに国衆の領国の範囲をおおよそ復元することができる。

では、そのような国衆の領国の存在が確認できるようになるのは、いつ頃からのことであろうか。だいたいのところ、各地に国衆の存在がはっきりと認識できるようになるのは、戦国時代の後期になってから、おおよそ天文年間（一五三二〜五五）くらいからになる。国衆の発給文書や、戦国大名の発給文書がそれなりに確認できるようになるからである。もっともその時点では、すでに国衆は確立をみているのであるから、その成立、すなわち国衆としての領国形成は、それよりさかのぼることは自明のこととなる。

しかしそれ以前の時期については、戦国大名・国衆ともに、発給文書の残存はきわめて少ない。例えば、戦国大名のなかでも約五〇〇〇通という多くの発給文書を残している北条家ですら、一〇〇通ほどにすぎない。同様の武田家も七〇通ほどである。また室町時代に鎌倉府で関東管領《かんれい》の地位にあった山内上杉家は、関東の戦国戦乱の開始となる享徳の乱以降の戦乱を通じて、戦国大名化を遂げていくが、享徳の乱の時期から数えても、天文年間以前の発給文書は一五〇通ほどである。享徳の乱において山内上杉家に匹敵する存在で、同様に以後の戦乱を通じて戦国大名化を遂げた扇谷《おうぎがやつ》上杉家については、四〇通ほどにすぎない。有力な戦国大名のクラスでも、この時期における発給文書の残存数は、その程度にすぎないのであり、ましてや国衆のレベルになると、基本的にはごく少数しか残っていないのが実情である。

そのような状況なので、追究の手立てとなるのは、数少ない残された史料にみえる、領国の形成を示す断片的な情報に注視することである。その一例として、相模三浦家の場合に触れておこう（拙著『戦国期東国の大名と国衆』『戦国期関東動乱と大名・国衆』）。戦国時代の初期に、相模三浦郡の国衆として三浦道寸《みうらどうすん》（法名、実名《じつみょう》は義同《よしあつ》）がいた。長享《ちょうきょう》の乱（一四八七〜一五〇五）の時期に三浦家の当主として登場し、永正《えいしょう》一三年（一五一六）に戦国大名北条家の初代・伊勢宗瑞《いせそうずい》（法名、実名は盛時《もりとき》）により滅亡させられた。伊勢宗瑞は、三浦家を滅亡させたことで三浦郡一円を領国に併合しているので、それ以前において三浦家が、三浦郡一円を領国とする国衆として存在していたことを想定できる。

その三浦道寸の発給文書は、わずか四通にすぎない。しかしそのうちの二通に、国衆としての領国の形成に関わる貴重な情報が残されていた。いずれも発給の年代は特定できないが、道寸と扇谷上杉家の関係の在り方から、おおよそ長享の乱の後半期の明応《めいおう》三年（一四九四）から、伊勢宗瑞から侵攻をうけた永正九年（一五一二）頃までのものと推定される。

一通は鎌倉宝積寺《ほうしやくじ》の住持と思われる文諦首座《ぶんていしゅそ》に宛てたもので、寺領の三浦郡久野谷《くのや》郷（逗子市）内の中之村竜崎分について、「此方成敗」、すなわち道寸の支配下にあることに基づいて、その知行を承認している（『新横須賀市史資料編古代・中世Ⅱ』二二五五号）。同所は、道寸の所領ではなく、それ以前から宝積寺の所領であった。道寸の先祖が同寺に寄進したものでもなかった。先祖の寄進所領であれば、寄進者側に所有の保証権が留保されるが、この場合はそれにはあたらない。にもかかわらず道寸は、自己の支配下にあることを理由に、他者に対して、所領の領有を承認しているのである。これは同地を、領域支配下においていたことを示すと認識できる。

もう一通は、宝積寺の塔頭《たっちゅう》貯香軒に宛てたもので、同寺から、武蔵久良岐《くらき》郡杉田郷（横浜市）内の寺領について、領有の保証を求められたことに対して、道寸は保証についてはは扇谷上杉家に申請することをすすめ、同家によって処置されることを返答している（同前二二五四号）。ここでの杉田郷も、道寸の所領ではなかったし、先祖による寄進所領でもなかった。杉田郷は三浦郡に近接する場所であった。貯香軒は、地域の有力者であった道寸にその保証を求めたのであったが、久良岐郡は扇谷上杉家の領国であった。そのため道寸は、自身にはその権限はないとして、扇谷上杉家に申請することを促している。道寸は、扇谷上杉家の血統を引いていて（父が同家の出身）、この時点では扇谷上杉家に従っており、その一門衆的な立場にあった。ここでの道寸の態度は、他者の領国には干渉できないことを意味すると認識できる。

さらに道寸に関する関係文書として、鎌倉建長寺の塔頭西来庵による、寺領の三浦郡霊山寺領の支配に関するものがある（同前二二五六号）。建長寺では「評議」によって従来通りに西来庵が霊山寺を支配することを決定するが、その内容の承認を道寸に求め、承認が得られたことをうけて、西来庵に支配にあたるよう通達している。この霊山寺領も、以前から西来庵領であり、道寸やその先祖が関わっていたものではなかった。ところが実際に知行するうえでは、道寸からの保証が必要であったことがわかる。それはすなわち、道寸の領国下にあったため、道寸から知行について保証を得られてはじめて、実際に知行できたことを意味している。

道寸による領国支配の発給文書はきわめて少数しかないが、関係文書を含めたこれら三通の内容によって、国衆による領国支配という事態の性格を認識することができる。その領国では、以前からの所領であったとしても、国衆から所領の領有を承認されなければ、実際に知行することはできない事態になっていたのであった。まさにこれこそが、国衆による一円的・排他的支配の性格を、端的に認識させてくれる事例といえる。そしてそこでのポイントとして認識されるのが、それまで自身の所領(これは直轄領にあたる)ではなかった他者の所領について、支配下に編成していて、それが領域として展開したことで、領国が形成されている、ということである。

このことから、国衆による領国形成の状況については、室町時代における所領と、国衆として形成した領国の範囲を比較することで、そのことを認識できることがわかる。以下では、そのことがわかる事例をいくつか取り上げてみたい。

信濃高梨家の場合

まずは先行研究によって、すでに明らかになっている事例を取り上げていこう。最初に取り上げるのは、信濃高梨《たかなし》家の場合である。これは花岡康隆氏の研究による（「信濃高梨氏の「国衆」化」戦国史研究会編『戦国時代の大名と国衆』所収）。

高梨氏は、信濃北部の高井郡に拠点を持ち、鎌倉時代には鎌倉御家人の立場にあり、室町時代には椚原《くぬぎはら》庄（小布施《おぶせ》町）を拠点にして、北方の中野地域（中野市）への進出を遂げたとみられている。そして戦国時代には、惣領家が、中野小館《おたて》を本拠に、国衆と化した。甲斐武田家の侵攻をうけて、弘治《こうじ》三年（一五五七）に本拠から飯山《いいやま》城（飯山市）に後退し、越後上杉家に従属した。

高梨氏の惣領家は、室町時代には、室町幕府将軍家の直臣《じきしん》で、在国を基本にした、「国人」の身分にあった。惣領家は、一族にあたる庶家と被官を統率する立場にあり、幕府への所領安堵の申請も、庶家・被官の分を含めて一括しておこなっていたことが知られている。南北朝時代には、実際に知行できていたかはともかく、それら庶家・被官の分を含めて、所領は拠点の高井郡にとどまらず、南部の水内《みのち》郡にわたる広域に展開していた。その一方、近隣の国人との間では、所領が錯綜・競合する関係にあったという。

室町時代末から戦国時代初期について、高梨家の所領構成の具体的内容が確認されている。信濃諏訪社が、祭礼費用を負担させた所領とその知行者を列記した史料（「諏訪御符礼之古書」）によって判明する。内容は文安《ぶんあん》三年（一四四六）から延徳《えんとく》元年（一四八九）までのものになる。そこでは、惣領家は本領の高梨本郷（桝原）以下、五ヵ所の所領を有し、六家の庶家がそれぞれ所領を有していた。それら六家の庶家は、惣領家とは別個に諏訪社から知行者として認識されていることから、それら庶家はそれぞれの所領を独自に支配していたとみなされている。政治的には惣領家に従って一体的な行動をとっていたけれども、所領支配はそれぞれ別個におこなわれていた。それらの所領は、惣領家を通じてではあったが、室町幕府から各自が所領として安堵されていたかたちにあった。

信濃も享徳の乱の展開にともなって、戦乱が恒常化された。そのなかで高梨家とその周辺でも、国人同士の抗争が展開されていった。その戦乱の過程で、惣領家は庶家を家臣団に編成した「家中」を成立させ、庶家・被官の所領に対する領域支配を成立させることで、一円的な領国の形成がすすんでいった。具体的には、享徳の乱終息の翌年にあたる文明《ぶんめい》一六年（一四八四）から、惣領家の高梨政盛《まさもり》は、一族に対して所領を安堵し、それへの対価として軍役奉公を命じていることが確認されている。庶家の所領は元来、室町幕府から各

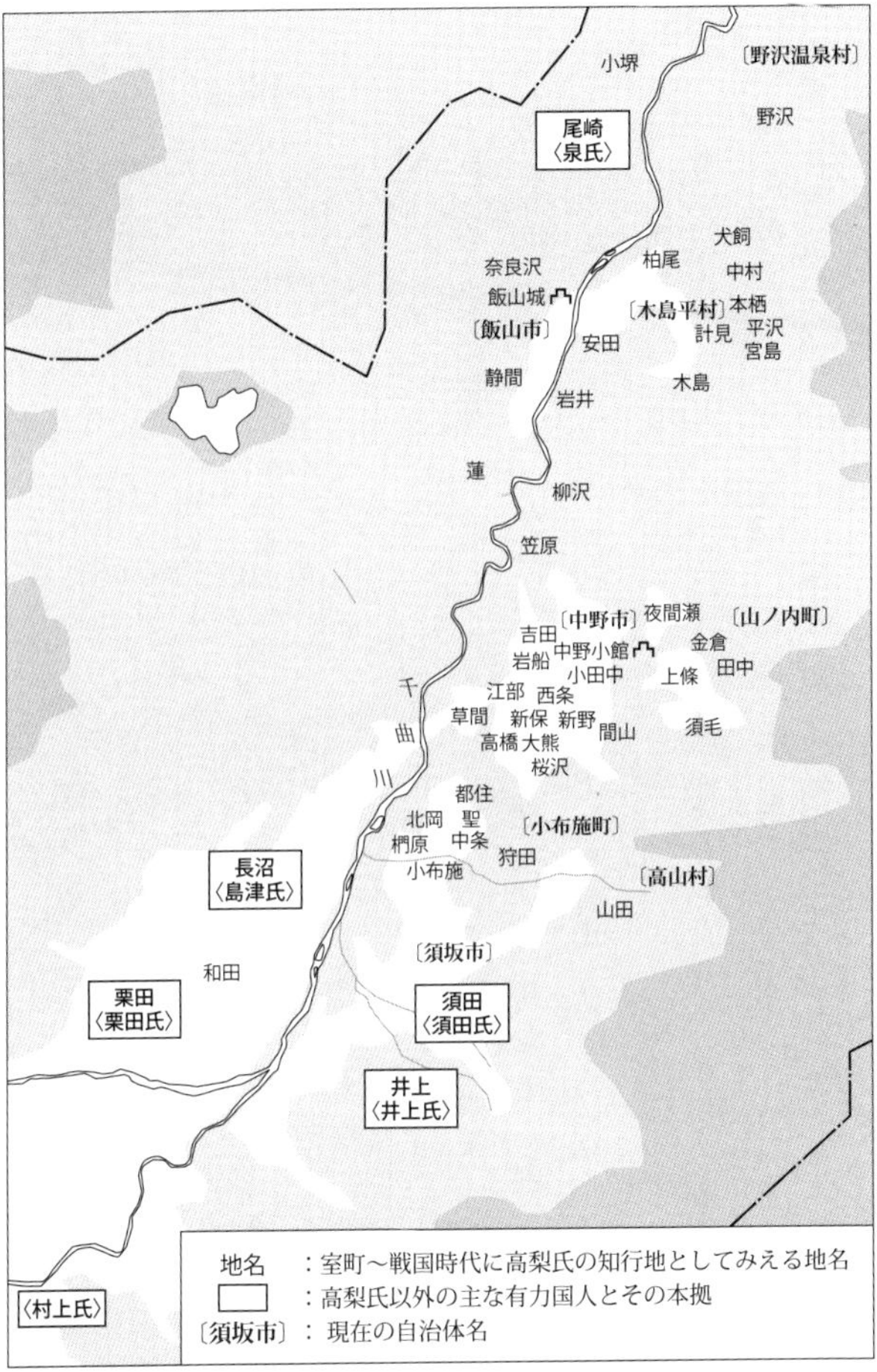

高梨家関係地図（花岡康隆氏論文より）

自に安堵されていたものであった。所領安堵の対価としての軍役奉公も、幕府に対しておこなわれることになっていた。それがここでは惣領家から安堵され、その対価としての軍役奉公も惣領家に対しておこなわれることになっている。

この事態は、惣領家が、庶家に対して知行の安堵・充行権を確立し、家臣に編成したことを意味している。すなわち、一族（庶家・庶子）と被官を一元的な主従制・知行制に編成した「家中」の成立である。高梨家では、文明年間末の時期に、そうした庶家の家臣編成をすすめていたことがわかっている。それにともなって、それら庶家の所領は、惣領家の領域支配下に編成された。そのことを端的に示すのが、普請役や陣夫役などを、「国役」としてそれらの所領に賦課したことである。それについては、政盛の孫の政頼《まさより》の代には、およそ大永《だいえい》年間（一五二一～二八）以降の時期から確認されるようである。

そして高梨家の領国形成は、同時に、周辺国人との所領をめぐる抗争を通じてすすめられた。永正年間（一五〇四～二一）になると、越後永正の乱（越後上杉家の内乱にともなう戦乱）の影響により、高梨家と周辺国人の抗争が激化した。そしてその過程で、高梨政盛は、中野地域の有力国人の中野家を滅亡させて、その所領を併合し、そのうえで本拠を中野小館に移している。そして同地を中心にして領国の形成を遂げたとみなされている。この高梨家の領国は、その後は「高梨領」と称されている。また高梨家が中野に本拠を移した時期には、周辺地域において「河西《かせい》」（長沼島津家）、「河東《かとう》」（井上家・須田家）という新しい地域呼称が登場してきており、これはそれらによる領国の形成、すなわち彼らの国衆化の動向を示しているという。

この高梨家の事例により、室町時代での庶家・被官との関係の在り方が、国衆化にともなって大きく性格を変質させていることがわかる。庶家・被官を「家中」として編成したことにともなって、それらの所領を領域支配下に編成し、「国役」を賦課するようになったこともわかった。そしてそのような動向は、享徳の乱以降の戦乱の恒常化にともなって進展をみていたこと、領国の形成は、周辺国人の国衆化と同時並行ですすんでいったこと、などが認識できるであろう。

信濃海野家の場合

次に取り上げるのは、信濃海野《うんの》家の場合である。これは平山優氏の研究による（『戦国大名と国衆』）。

海野氏は、信濃東部の小県《ちいさがた》郡海野庄（東御《とうみ》市）を本領とし、鎌倉時代には鎌倉御家人の立場にあり、室町時代には、室町幕府将軍家の直臣で、在国を基本にした、「国人」の身分にあった。室町時代での所領は、海野庄のほか、筑摩郡会田御厨《あいだのみくりや》（松本市）、埴科《はにしな》郡船

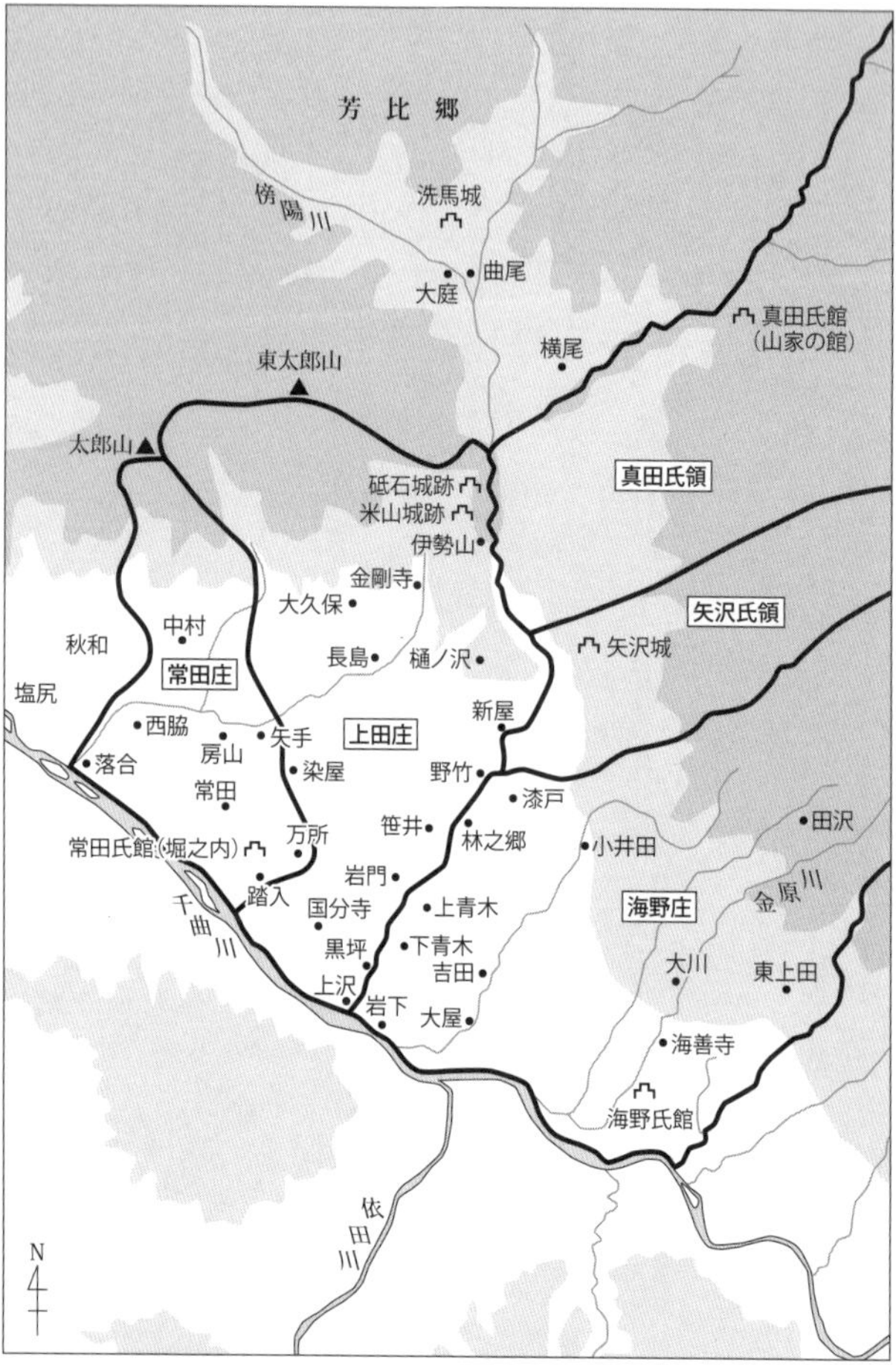

海野家関係地図（平山優『戦国大名と国衆』より）

山郷（千曲《ちくま》市）、青木郷（青木村）などがあった。しかし惣領家が戦国時代に維持したのは、本領の海野庄だけであった。その一方で、近隣の上田庄（上田市）・常田《ときた》庄（同）を併合し、領国として「海野領」を形成している。

海野氏が上田庄で所領を獲得したことが確認できるのは、応仁《おうにん》三年（文明元年・一四六九）頃からのことで、海野氏一族の小宮山氏の進出がみられ、文明五年には小宮山氏の支配下におかれるようになっていたとみなされている。それにともなって、それ以前に同庄の領主であった太田氏は、海野氏惣領家の被官になり、小宮山氏が同庄の代官としておかれたと考えられている。

上田庄の西隣りにあたる常田庄については、文明一二年から海野氏惣領家の所領が存在するようになったことが確認されている。文明年間（一四六九〜八七）においては、海野氏惣領家の庄内での所領は二ヵ所が確認できるだけのようであるが、その後の戦国時代においては、逆に庄内のうち二ヵ所のみが庶家の常田氏の所領となっているだけで、その他はすべて海野家の所領になっているようである。

これらのことから海野氏惣領家は、ちょうど応仁の乱が勃発した時期に、隣接する上田庄・常田庄を所領化していったことがうかがえる。海野氏惣領家は、それらを領域支配下に編成し、海野領と称された領国を形成し、庶家を家臣編成して、国衆と化したと考えられる。しかもこの時、海野家は、埴科郡坂木葛尾城《さかきかつらお》（坂城町《さかき》）の村上家との抗争を展開していて、それらの所領拡大、それにともなう領国形成は、村上家との抗争を通じて遂げられたことがうかがわれる。そして海野家の領国は、さらにその北方の芳比郷《ほうひ》にもおよんでいる。

その一方で、室町時代には所領であった会田御厨などについては、海野家の支配を離れ、同地を拠点にした庶家が分立し、周囲の府中小笠原家《おがさわら》・坂木村上家との抗争を通じて、小笠原家に従属したり、村上家により滅亡させられた。これらのことから、海野氏惣領家は、室町時代における所領のうち、本拠の海野庄を中心に、近隣の上田庄・常田庄・芳比郷を所領化し、領国として海野領を形成する一方で、遠隔地の所領は放棄を余儀なくされたことがわかる。室町時代の国人が、その所領すべてをもとに国衆化したのではなかったことが、この海野家の事例からも認識できる。

上野岩松家の場合

室町時代での所領の所在と、国衆化により形成した領国の範囲の違いについて、そして領国形成の過程について、もう少し具体的に認識できる事例がある。それはかつて峰岸氏が「地域的領主」論を提起した際に事例とした、上野新田領の岩松家である。岩松家については、室町時代末期における新田庄での所領の所在が判明する史料が残されている。峰岸氏はそれをもとに、岩松家が国衆化によって（峰岸氏は「地域的領主」化とする）、新田庄一円を所領化したことを認識したのであった。ただ峰岸氏は、領国としての新田領の範囲を、具体的に復元してはいなかった。そのため他地域の研究者には、その状況が十分に認識されないままになっていると考えられる。そのためここで、あらためて室町時代の所領の領有状況から、どのような経緯を経て、新田領という一円的な領国が形成されていったのか、具体的に取り上げることにしたい（拙稿「上野岩松氏の研究」拙編『上野岩松氏』所収参照）。

岩松氏は、新田庄を本領とした新田氏の庶子家で、鎌倉時代は有力御家人であった惣領

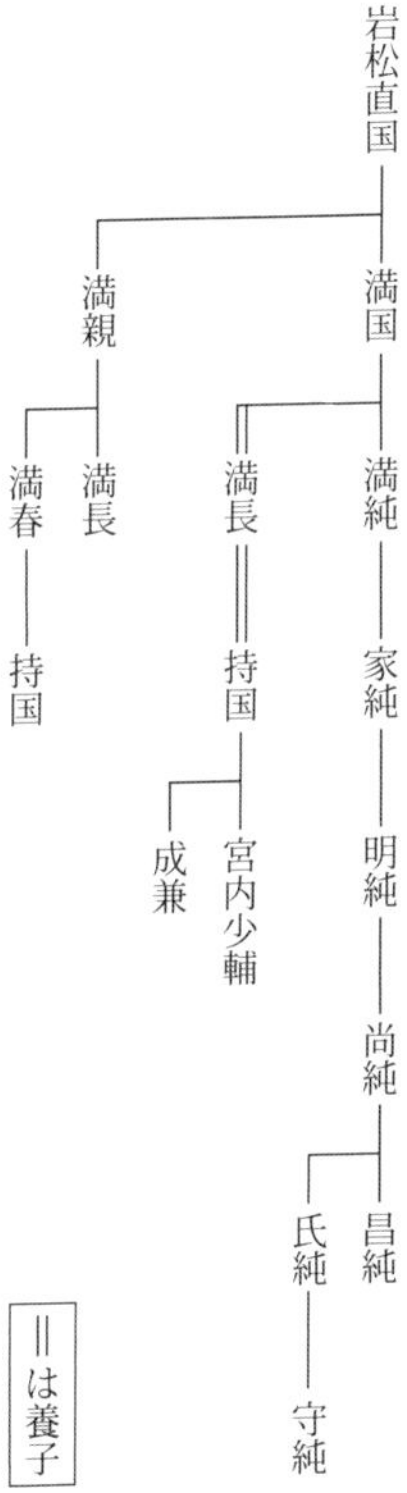

岩松家系図

家の統制下にあった。南北朝時代に、新田氏惣領家から離れて足利氏に従い、室町幕府・鎌倉府のもと、足利氏庶流であったことにより足利氏御一家の地位にあり、鎌倉公方《くぼう》足利氏の庶子家として存在した。そこでは新田氏惣領家の地位と新田庄の地頭職を認められたと考えられる。しかし室町時代の新田庄は、すべてが岩松家の所領であったわけではなかった。

新田庄には、鎌倉府が年貢を収取する「領家方」一〇〇貫文があり、その年貢は庄内二九ヵ所の郷村に割り当てられていた（「新田庄領家目録」『室町遺文関東編』二四七三号）。しかしその年貢納入は、地頭職を有した岩松家が執りおこなっていたと考えられる。その他の分が、いわば「地頭方」ともいうべき、個々の幕府・鎌倉府直臣の所領で、その大半は岩松家が所領としていた。しかし注意しておくべきは、岩松家の所領はそのすべてではなかった、ということである。それら地頭の所領は、大きく岩松氏惣領家の所領（「岩松方」と称された）、岩松氏庶流の庶子家の所領（「庶子方」と称された）、新田庄所在の寺院の所領（「寺領」と称された）に区分されていた。さらに岩松氏惣領家の所領も、鎌倉時代における所領の領有関係をもとに、「岩松方」（旧来の岩松氏の所領）、「由良方」（新田氏惣領家の所領）、「大島方」（新田氏一族大島氏の所領）により構成されていた。

享徳の乱当初における岩松家の当主は持国《もちくに》であった。その持国の時期に、享徳の乱勃発以前とみなされる時期に作成された新田庄での所領リストとして「新田庄内岩松方・庶子方・寺領等相分注文」「新田庄知行分目録」の二通（『群馬県史資料編5』「正木文書」一〇四・九八号）、享徳の乱当初に作成されたとみなされる所領リストとして「岩松持国知行分目録」一通（同九九号）が残されている。それら三通での記載内容は、必ずしも一致していないため、正確な状況を把握することはできないが、おおよその状況をみることはできる。

もっとも記載内容が多いのは、享徳の乱当初に作成されたとみなされるもので、そこには以下の諸郷村が列記されている。

村田（金井・脇谷・寺井を含む）・今井・額戸《ごうど》・米沢・成塚《なりづか》（金谷・菅塩を含む）・田島・千歳《ぜんさい》・由良（細谷・奥を含む）・東牛沢・西牛沢・高林・大島・鳥山四分三・太田・下藪塚・堀口・岩松・長岡・田古宇《たこう》・亀岡・江田・木崎・荒井

の二三ヵ所である。その他、味方の赤堀氏の知行になっているものに上阿佐見《かみあざみ》・鹿田二ヵ所、敵方の上杉方の知行になっているものに高島・横瀬二ヵ所があげられている。

また、享徳の乱以前には所領として列記されているが、享徳の乱当初には所領でなくなっていることがわかるものに、浜田（桃井《もものい》氏所領・金剛寺領）・糟川《かすかわ》・新野・青根《おおね》・小島・富沢（長福寺領）・岩瀬河《いわせがわ》・石塚・尾次島《おじま》・鶴留田《つるうだ》（慶雲寺領・東光寺領）の一〇ヵ所があった。このうち浜田郷（矢島を含む）は、何らかの事情により、おそらく鎌倉府によって、同じ足利氏御一家の桃井氏に所領として与えられたと推測される。これに関連するものに、持国の「知行分弁闕所注文」（同八二号）があり、そこには鶴生田《つるうだ》（鶴留田）寺領・糟川・小舞木《こまいぎ》・浜田桃井方があげられている。それらは闕所、すなわち持国の所領でなくなっていたものとみることができるであろう。これまでにあがっていなかったものに、小舞木がある。

岩松氏以外の所領の領有状況については、享徳の乱以前の作成とみなされる所領リスト二通によって知ることができる。所領主と所領名を列記すると、次のようである。

田中氏　田中・下阿佐見
鳥山氏　鳥山四分一・飯田・長手・藪塚半分・寺井半分
大館氏（京都奉公）　大館・一井《いちのい》
世良田《せらた》氏　世良田・三木・小角《こずみ》
畠山氏　徳川

綿打氏《わたうち》　綿打
領家《りようけ》（鎌倉府）　菱島《ひしがしま》
長楽寺《ちようらくじ》　平塚・八木沼・女塚《おなづか》・青根

そのほかに、東光寺領の鶴留田・新野、金剛寺領の浜田があげられているが、それらについては「持国知行分」として扱われるようになっている。ある段階で、岩松持国の所領に編入されたことがうかがわれる。さらにこのほかに、「新田庄領家目録」には、以上にみえていないものとして、福沢・腰越・泉沢・下堀があがっている。郷名かそれに含まれる村名での表記であったり、別名による表記があったりするため、必ずしも同定は容易ではない。

さらに享徳の乱勃発にともなって、他者の支配下に入った新田庄内の郷村に、北鹿田のほかに、新川・足垂《あしだれ》・藤心・綿打・花香塚《はなかづか》・女塚・木島があったことがわかっている（同八三号）。このうち綿打は綿打氏の、女塚は長楽寺の所領であった。持国の所領であったのが明確なのは北鹿田だけであった。そうするとこれまでにあがっていない所領については、岩松家およびその庶家、庄内所在寺院以外の所領になっていた可能性が考えられる。

しかしいずれにしても、岩松持国が、享徳の乱勃発以前、さらには同乱勃発当初におい

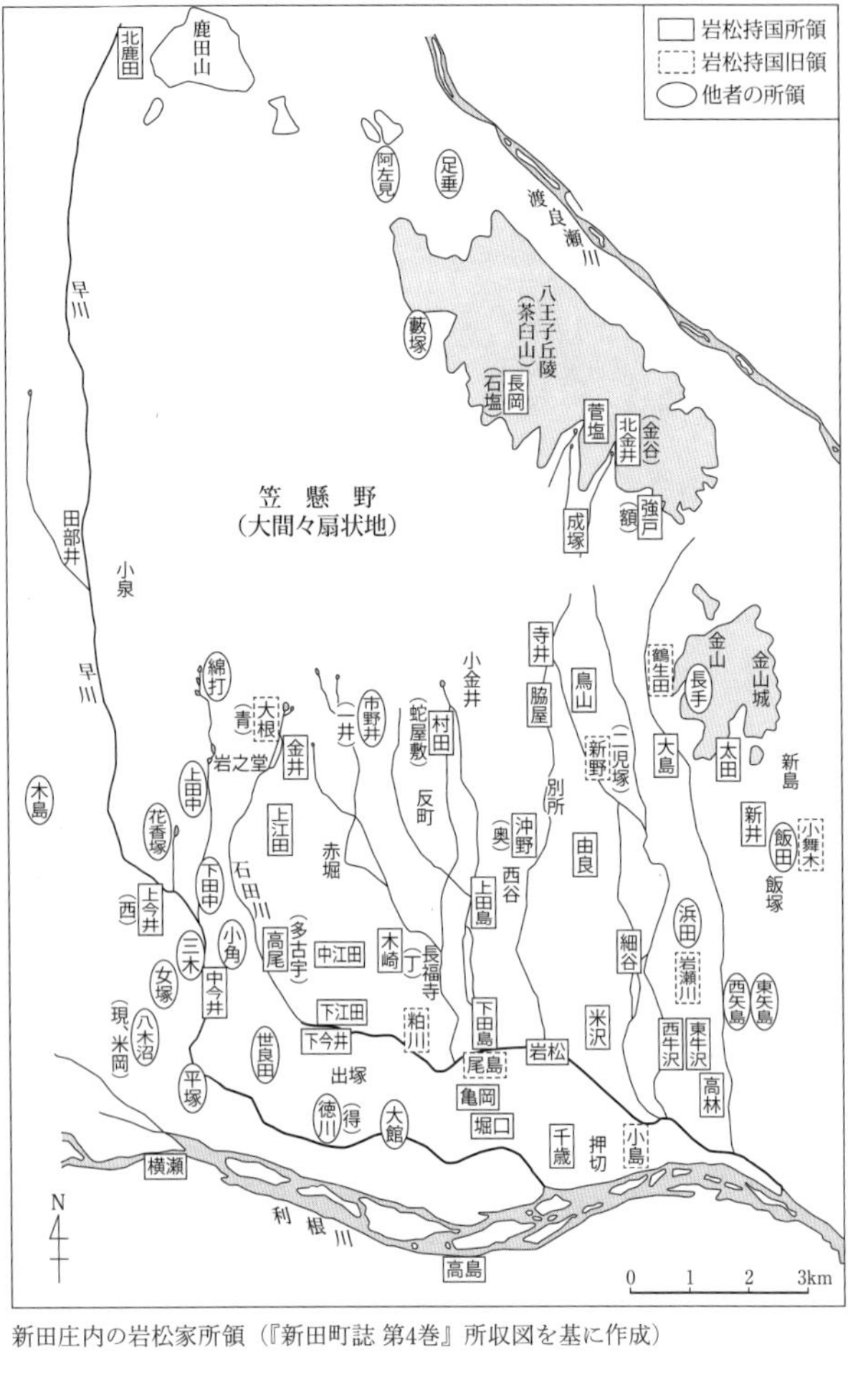

新田庄内の岩松家所領（『新田町誌 第4巻』所収図を基に作成）

ても、新田庄内のすべての郷村を所領にしていたのではなかったこと、庄内には庶家や庄内所在寺院、さらに鎌倉府をはじめ他者の所領が所在していたことを、明確に認識することができる。岩松家は、そのような所領の領有状況にあったなかで、享徳の乱を通じて、新田庄一円を所領化し、さらにはその近辺をも所領に編成して、新田庄を中心とした領国として、新田領を形成するのであった。他方において、岩松家はそれまで、新田庄以外にも上野・武蔵・下総・上総・相模・伊豆に多くの所領を有していたが、それらはすべて享徳の乱により岩松家の手を離れるのであった。

新田領の形成

岩松家の国衆化は、岩松持国がそのまま遂げたものではなく、その過程は、やや複雑であった。享徳の乱が勃発した際、新田庄の大半を所領としていたのは持国と考えられ、古河《こが》公方足利成氏《しげうじ》に味方した。それに対する室町幕府・上杉方には、幕府軍の一員として関東に在国していた岩松家純《いえずみ》（初名長純《ながずみ》）がいた。そのため両者を区別するため、持国は右京大夫《うきょうのだいぶ》、次いで左京大夫を称したため京兆《けいちょう》家、家純は治部大輔《じぶのたいふ》を称したため礼部家と称している。

岩松家の国衆化は、新田庄での、持国の京兆家から家純の礼部家への勢力交替を経て遂げられたものであった。持国と家純のうち、家系的には家純が本来の嫡流家にあたった。上杉禅秀《ぜんしゅう》の乱（一四一六〜一七）で岩松満純《みつずみ》（家純の父）が鎌倉府により追討されたため、前当主の満国《みつくに》（満純の父）は、甥の満長《みつなが》（弟満親《みつちか》の子）を後継に立てて鎌倉府への出仕を果たし、さらにその弟満春《みつはる》の子持国を、満長の養子として、その家督を継承させた。対して滅亡した満純の子家純は、京都に逃れ、その後に室町幕府と鎌倉府の政治対立が生じたことをうけて、幕府将軍家に出仕する立場になった。

幕府と鎌倉府の対立は、永享《えいきょう》の乱（一四三八〜三九）により鎌倉公方足利持氏が滅亡したが、その与党勢力の叛乱が続き、すぐに結城合戦（一四四〇〜四一）が生じた。その際に、家純は幕府軍の大将の一人として関東に派遣され、同合戦後も関東に在国を続けた。そこでは当然、関東で所領を得たとみられるが、具体的には不明である。対して岩松持国は、永享の乱以降、有力な鎌倉公方足利方として存在したから、足利持氏滅亡後は、反幕府の立場にあった。そうすると家純は、本領の新田庄で所領を与えられた可能性が考えられるが、実際には持国による支配が継続していた可能性が高いとみなされる。

そして文安四年（一四四七）に、幕府と鎌倉公方足利方の妥協により、持氏遺子の足利成氏が鎌倉公方として復活をみると、持国の政治的地位は正式に容認されて、新田庄の支配も持国がおこなったと考えられる。そうした経緯のうえで、享徳の乱が勃発したのであり、持国は引き続き足利成氏方の有力武将として存在し、対して家純は幕府・上杉方の有力武将として存在した。乱当初、新田庄は持国の存在により、成氏方の勢力圏におかれ、持国は西隣りの西庄《さいのしょう》への進出をすすめている。のちに岩松氏は、西庄東部を領国化するが、それはこの時の侵攻を契機にしたものと考えられる。

同時に、持国による新田庄一円化の動きがみられた。乱勃発当初に、京都奉公大館氏の所領を押領した（「正木文書」一四二号）。そして康正《こうしょう》元年（一四五五）七月には、足利成氏から、新田庄における未来闕所（将来において闕所となる所領）と同庄への守護不入特権を与えられている（同六七・六八号）。その一方、康正元年閏《うるう》四月の時点で、新田庄北部・西部の新川・北鹿田・足垂・藤心・花香塚・女塚・木島各所が、他者の支配下におかれてしまっている（同八三号）。それらは新田庄より北部にいた、赤堀氏・山上氏・善《ぜん》氏ら西庄・山上保《やまがみのほ》の勢力との抗争によるものであろう。しかしいずれも、のちには岩松家の領国に編成されている。

また持国は、前年の享徳三年のうちに、新田庄に接する邑楽《おうら》御厨飯塚郷を押領した。時期は明確になっていないが、新田庄の東に位置した山田郡大蔵郷についても、押領していた可能性がある（同二四三号）。同所は、京都吉良《きら》氏の所領であった。その大蔵郷については、それと隣接し同じく吉良氏領であった寮米《りょうまい》郷とともに、上杉方の岩松家純の家宰《かさい》（家臣の代表で当主代行者）の横瀬良順《りょうじゅん》が、吉良氏から買得《ばいとく》している（『松陰私語《しょういんしご》』）。横瀬良順は、康正元年一二月に戦死しているので、その買得は、戦乱勃発直後のことであったかもしれない。さらにその子国繁《くにしげ》は、園田御厨も領有していた。戦乱のなかでの所領の獲得は、領主不在の所領に対して、押領や買得という手段ですすめられたことがわかる。

長禄《ちょうろく》二年（一四五八）に、幕府・上杉方の鎌倉公方として足利政知《まさとも》（堀越《ほりごえ》公方）が関東に下向してくるのにともなって、岩松持国は幕府・上杉方に転じることになった。持国は足利政知に、家純を通じて所領の安堵を申請したが、安堵が認められたのは養父満長の遺領を中心とした一部にすぎなかった。すでに家純は、実際に知行できたかどうかはともかくとして、新田庄の地を被官たちに与えていて、持国が実際に知行している所領（当《とう》知行という）をすべて認めてしまっては、被官に与える所領がなくなってしまうからであった。満長遺領分なども、仕方なく持国の領有を認めたにすぎなかったと考えられる。

ともかくも持国は、九月になって上杉方の本陣になっていた武蔵五十子《いかっこ》陣に参陣した。しかし持国の一族・被官のなかには、それに従わないものがあり、一族の西谷《にしのや》下野入道らは、新田庄に在所したまま足利成氏方にとどまった。そして翌同三年二月には、持国の次男成兼《しげかね》が、父持国らと決別して新田庄に帰還し、成氏に従い、成氏方岩松家の当主として存在するようになった。これにより岩松氏は、上杉方の礼部家家純と京兆家持国、成氏方の京兆家成兼という具合に、三分されるかたちになった。しかしその状態は続かず、まず寛正《かんしょう》二年（一四六一）五月に、持国・宮内少輔《くないのしょう》父子が、成氏方に内通したとして、家純によって殺害された。これにより上杉方の岩松氏は、家純に一本化された。

他方、成兼は、成氏方の鳥山氏や新野東光寺の所領を押領するかたちになっており、成氏から何度にもわたって所領の返還を命じられたが、一向に応じなかった。すでにその時期には、新田庄の大部分に、家純方の勢力が進出していたらしく、成兼としては、それに対抗するためにも、庄内に所在した所領を、たとえ味方の成氏方の所領であっても、確保しなければならなかったのであろう。しかし家純との新田庄をめぐる抗争は、成兼の劣勢ですすんだとみられ、その存在自体、応仁二年（一四六八）四月が確認できる最後になっている。

そしてその翌年の文明元年（一四六九）二月、家純は新田庄支配の拠点として、金山城の築城を開始している（『松陰私語』）。これはその間に、家純は成兼を滅ぼし、新田庄一円の所領化を遂げたことを意味している。そして八月、家純は五十子陣から金山城に入部し、同城を本拠とした。そして入部に際して、旧礼部家と旧京兆家の一族・被官の座席の順位を決定している。これは家純の一族・家臣と、成兼の一族・家臣が合体され、家純のもとに統合された家臣団として編成されたことを意味している（峰岸純夫『新田岩松氏』・

久保田順一『新田一族の戦国史』)。ここに岩松家純は、新田庄を一円的な所領とし、庶家・被官を一元的な家臣団として編成した、国衆として確立した。しかもその領国は、新田庄にとどまらず、西庄東部や山田郡南部などにわたるものであった。

そしてその領国の周囲には、赤石領の那波家、赤城山南麓の西庄の赤堀家、同じく山上保の山上家・善家、桐生領の桐生佐野家、館林領の赤井家、渡良瀬川対岸の下野足利領の足利長尾家、利根川南岸の武蔵深谷領の深谷上杉家、忍領の成田家による、領国や所領の形成がみられていた。岩松家による領国形成は、戦乱におけるそれらとの抗争のなかで遂げられていったものになる。なかでも赤堀家・山上家・善家の帰属をめぐっては、桐生佐野家との間で、戦国時代後半まで抗争を続けるものとなっている。いうまでもないことだが、国衆の領国は、周囲の国衆の領国との抗争によって決定されたから、その範囲は常に可変的であった。

「国人」から国衆へ

このように室町時代に「国人」として存在した領主は、戦国時代に入ると戦乱の恒常化のなかで、近隣領主との抗争を通じて、本拠を中心にした一円的な領国を形成することで、国衆という領域権力へと展開したのであった。

かつての学説は、室町時代の武家領主制を「在地領主」「国人領主」と概念化し、本拠を中心に一円的な所領を形成すると見立てていた。しかしここまで取り上げてきた高梨家・海野家、そして岩松家のどれをみても、そのような状態はみられなかった。それらは本拠を有し、基本的には本拠に在所する、在国の幕府・鎌倉府の直臣であった。そうした立場の武家に対する身分用語が、「国人」あるいは「諸家」というものになる。しかしその領主制は、決して一円的に展開されていたものではなかった。本拠周辺に所領の大半を有してはいたものの、それとは別の場所にも所領を有していたのであった。

ところがその状態は、享徳の乱・応仁の乱による戦乱の恒常化により、維持されなくなった。遠方に存在した所領は他者に押領され、代わりに本拠所領周辺にあった他者の所領を、自身の所領に編入していったのである。そしてそれと同時に、高梨家や岩松家の場合にみられたように、それまでは庶家として、惣領家とは別個に幕府・鎌倉府の直臣の立場にあったものを、被官と同次元の一元的な家臣団に編成していき、自身の所領に対してだけでなく、それら庶家や被官、さらには寺社の所領に対して、「国役」を賦課して、それらを統合したものとして、一円的・排他的に統治する領国を形成したのであった。

したがってかつての学説にみられた、「国人領主」が戦国時代の領域権力に変化していくのではなかった。そもそも室町時代の武家の領主制は一円的所領を形成していたのではなかったから、もはや「国人領主」という概念が成り立たないことは明白である。さらにその前提に位置する概念が「在地領主」であり、それは、耕作百姓を直接に把握する方向にあると見立てるものであった。「国人領主」は、その領主制を一円的な所領に拡大したと見立ててきたのであった。では実際はどうであったのであろうか。岩松氏については、それに関わる史料が存在している。

岩松氏は、応永一一年(一四〇四)から同一七年にかけて、新田庄内の郷・村を対象に「地検」(検地のこと)をおこない、その結果を目録にまとめている(「正木文書」八六・九二・八七号)。そこからうかがわれる岩松氏の地検の特徴は以下のようである。地検は郷・村ごとにおこなわれている。地検では、年貢・公事賦課の単位とそれに対する年貢額・公事額、その納入に責任を負う作人《さくにん》(百姓)を確定している。ただし岩松氏は郷・村全体を地検しているが、そこには自身の所領ではない庶子家・寺社の所領分が存在していて、それについては賦課単位の確定や年貢額の確定は、その領主によっておこなわれるものになっていて、岩松氏は確定していない。そしてその内容の確定にあたり、地検奉行は「御百姓・御代官に騙《かた》られ、少しも奸曲仕らず候」と述べていて(同八七号)、それが郷・村との協議によっていたことがわかる。

ここから認識されるのは、室町時代の武家領主の所領支配は、年貢・公事納入を負う作人を個別に把握していたのではなく、年貢・公事の賦課・徴収は、郷・村を単位におこなわれていたこと、その内容の確定も郷・村との協議のうえでおこなわれていたこと、である。このことは「在地領主」という概念自体を明白に否定するものになる。すなわち、かつての学説であった「在地領主」「国人領主」ともに、そのような実態はなかったのであり、そのためそれらの概念は成立しないのであった。

すでに室町時代において、領主の所領支配は、郷・村という、百姓が形成していた地域共同体との関係に依拠していたのであった。郷・村を単位に、年貢・公事賦課の単位やその額、それに責任を負う作人（戦国時代以降では「名請人《なうけにん》」といった）を確定し、年貢・公事の収取も、郷・村を通じておこなわれていた。この在り方は、以後の戦国時代から江戸時代にかけてのものと、基本的・本質的に異なっていない。そのことからすると、この租税収取の在り方は、郷・村という百姓による地域共同体の成立によって展開されたものであった、と認識される。

本章での最後にあえて再言しておこう。「在地領主」「国人領主」といった概念は、成立しない。そのような領主制は、実際には存在しなかった。では鎌倉時代から室町時代にかけて、あるいはそれぞれにおける武家領主の領主制は、どのようなものとして把握し、概念化していくべきであろうか。これは今後における大きな課題である。

第三章

北条家の「他国衆」

戦国大名か国衆か

戦国大名とは、数郡から数ヵ国を領国とし、その領国を一円的・排他的に統治する領域国家である。国衆も同様に領域国家ではあったが、政治的・軍事的には独立を遂げておらず、いずれかの戦国大名に従属する関係にあった。したがって戦国大名とは、それら国衆を政治的従属下におき、領国統治や軍事・外交において、他者から何らの制約をうけることのない独立国家、という性格にあった。

そのため戦国大名という存在は、数多くが存在した、というわけではなく、むしろその存在は限定的といえる。戦国大名と国衆が同質の領域国家であるとすれば、戦国大名はそうした国衆を従属させる状態になることで、成立を遂げたと考えることができる。その場合に難しいのは、国衆を従属させるような規模にない存在を、戦国大名とみていいのか、あるいは国衆とみたほうがよいのか、さらには国衆を従属させる存在になってはいるが、より大規模の戦国大名に従属する関係にあった場合、それを戦国大名とみたほうがよいのか、むしろ国衆とみたほうがよいのか、といったことがある。

例えば、相模北条家は、初代伊勢宗瑞の時に、伊豆・相模二ヵ国を領国としたが、伊豆・相模半国を領国化した時点では、国衆を従属させていない。最初に従属させた国衆は、相模津久井領の内藤家であった。この内藤家を従属させた段階で、戦国大名化した、ということもできる。なおこの内藤家は、北条家の本国に存在したため、のちに譜代家臣化を遂げて、自立的な領国支配に対しても一定の制約をうけるようになっている（拙著『戦国大名領国の支配構造』）。甲斐武田家も同様である。戦国大名として初代になる武田信虎は、甲斐一国を領国としたが、当初は国中地域を領国とする存在にすぎなかった。それが郡内領小山田家と河内《かわうち》領穴山武田家を従属させたことで、戦国大名化したとみることができる。

ではのちに戦国大名領国に併合された信濃についてはどうだろうか。甲斐武田家の侵攻がみられるまで、信濃では高梨家・村上家・府中小笠原家・仁科家・諏方《すわ》家・高遠諏方家・海野家・松尾小笠原家・知久《ちく》家・下条家・木曾《きそ》家などが、独立的に存在していた。これらを戦国大名とみるか国衆とみるか、判断はわかれる。領国はせいぜい郡規模であったから、国衆とみるのでよいと考えられるが、郡規模を越えるような領国を形成したり、他の国衆を従属下におくようになった存在については、戦国大名とみてもよいと思う。こうしてみると戦国大名か国衆かという問題は、領国支配と政治史についての精緻な解明が必要になることがわかる。そしてそのような分析がおこなわれている地域は、戦国時代前期についていえば、残存史料の少なさにより、それほど多くはないのが実情である。

やはりわかりやすいのは、本国を越えて、他国を領国に編成していくような大規模な戦国大名の形成がみられた段階からといえる。地域により違いはあるが、おおよそ早いところで天文年間（一五三二〜五五）頃から、遅いところで永禄年間（一五五八〜七〇）頃から、顕著にみられるようになっている。しかし享徳の乱・応仁の乱から数えれば、すでに一〇〇年ほどが経過しているので、各地で典型的な戦国大名が確立してくるのは、戦国時代の大半が過ぎてからのことといえる。そしてその後は、それら戦国大名同士が抗争を繰り広げて、さらなる地域統合がすすめられていくのであった。

ちなみに永禄年間初めの時点で、どれほどの戦国大名が存在したとみることができるであろうか。関東では、北条家・房総里見家・常陸《ひたち》佐竹家があり、下野宇都宮家・下総結城家などについては判断がわかれる。東北では、南部家・伊達家・芦名《あしな》家・秋田家・最上（山形）家があげられようか。中部では、越後上杉家・甲斐武田家・駿河今川家・尾張織田家・伊勢北畠家・美濃一色《いっしき》（斎藤）家・越前朝倉家など、畿内近国では河内《かわち》三好家・近江六角家・若狭武田家・丹後一色家など、中国では、播磨《はりま》赤松家・但馬《たじま》山名家・出雲尼子《あまご》家・安芸毛利家、四国では土佐長宗我部家、九州では豊後大友家・薩摩島津家があった。

おおよそこんなところであろう。ただそうしたなかで、畿内の近国では、幕府勢力下にあったため、いまだ一国レベルの存在が多数乱立している状態であり、それより遠方地域での地域統合の進展と比べると、様相は大いに異なっている。それら一国レベルの存在を、戦国大名とみるか国衆とみるか、判断はわかれるであろう。とはいえ典型的な戦国大名、といった観点からすると、その数は決して多くないことが認識できるであろう。

戦国大名領国の構造

国衆という存在の特徴は、戦国大名の従属下にあっても、基本的には戦国時代の最後の時期まで、独立的な領国支配を継続した、という側面にある。もっとも、そのことを認識するためには、戦国大名の領国支配と、国衆の領国支配の双方について、綿密な解明が必要になる。そこでは、戦国大名が領国統治する範囲と、国衆の領国の範囲について、明確に認識できることが必要になる。

しかし現状において、そのような分析が十分にすすめられている戦国大名は、きわめて少数でしかない。実際のところ、そのような研究が十分におこなわれているのは、相模北条家と甲斐武田家の場合だけといって過言ではない。戦国大名や国衆についての研究は、まだまだ不十分な状態なのである。そのためここで、北条家の場合をもとに、戦国大名領国において、国衆の領国がどのようなかたちで展開していたのか、簡単に確認しておくことにしたい。武田家の場合については、平山優氏（『戦国大名と国衆』）の研究で詳しく取り上げられているので、そちらに譲ることにしたい。

北条家においては、天正一一年（一五八三）から同一四年頃に作成されたとみられる史料に、「小田原一手役之書立写」（戦北四二九五）というものがある。「一手《いって》」というのは、「備《そなえ》」ともいい、完結した軍団のことであり、これが合戦での戦闘単位になる。戦国大名の合戦とは、こうした「一手」という軍団を単位にしておこなわれた。そしてこの「一手」を指揮するものを「物主《ものぬし》」（すなわち軍団長）などといった。「一手」の構成員は、基本的には「物主」の家臣団によって構成され、場合によって戦国大名から与力として配属された同僚を含んでいた。

この史料は、天正一〇年代の段階において、北条家で「一手」を構成するものについて、人名とその本拠地を列記したものになる。「一手」を構成するのは、それだけ多くの家臣団を編成していたということであり、それに対応して多くの所領を有していたものになる。逆に、ここにあげられていない家臣は、独自に軍団を構成するのではなく、それら「一手」に与力として配属された存在であった。

そしてそこには、北条家当主の旗本衆を筆頭に、御一家衆・家老衆があげられ、それに続いて武蔵以下の国衆があげられている。記載を整理して掲げておこう。

（武蔵）松山上田憲定《のりさだ》・忍成田氏長《うじなが》・深谷上杉氏憲《うじのり》

（上野）国峰小幡信定《のぶさだ》・箕輪内藤昌月《まさあき》・安中左近大夫・赤坂和田信業《のぶなり》・倉賀野家吉《いえよし》・相木依田常林《じょうりん》・白井長尾輝景《てるかげ》・大胡高繁《たかしげ》・厩橋毛利北条高広・今村那波顕《あき》宗《むね》・新田由良国繁・館林長尾顕長《あきなが》
（下野）佐野宗綱《むねつな》・皆川《みながわ》広照《ひろてる》・壬生《みぶ》義雄《よしかつ》
（下総）臼井《うすい》原《はら》胤栄《たねよし》・大台井田《おおだいいだ》因幡守・松子《まつご》大須賀《おおすが》政朝《まさとも》・助崎《すけざき》大須賀邦秀・小金《こがね》高城《たかぎ》胤則《たねのり》・布川《ふかわ》豊島《としま》継信
（上総）土気《とけ》酒井政茂・東金酒井政辰《まさとき》・長南《ちょうなん》武田豊信
（常陸）江戸崎土岐治綱《はるつな》・牛久《うしく》岡見治広《はるひろ》・足高《あだか》岡見宗治《むねはる》
（古河公方衆）森屋相馬治胤《はるたね》・水海《みずみ》簗田《やなだ》持助《もちすけ》・幸手《さって》一色義直・菖蒲佐々木氏
（北条氏照衆）下野藤岡茂呂《もろ》康秀・榎本近藤綱秀（氏照家老）
（下総）佐倉千葉家旗本衆

これらのうち御一家衆北条氏照の家老・近藤綱秀と、下総佐倉千葉家の旗本衆を除いたものが、基本的に領国を形成する国衆とみることができる。その数は三五家にのぼっている。ただし「一手」を構成するかどうかは、家格にも大きく左右されるものであったから、それらすべてが独立的な領国を形成した国衆として存在していたか、というと必ずしもそうとはいえない。

例えば、上野の大胡高繁は、厩橋毛利北条家の一族であったから、基本的には同家とともに行動した。箕輪内藤家と相木依田家は、北条家から新たに所領を与えられた存在のため、その所領は領国として確立していたのではなかった。それと同様のことは、佐倉千葉家の直臣・親類であった下総の井田家・両大須賀家、古河公方足利家の一族・家老であった簗田家・一色家・佐々木家、北条氏照の管轄下にあった藤岡茂呂家についてもあてはまり、いずれも領国を形成していたわけではなかった。しかしそれ以外の人々については、領国を形成する国衆として存在したことが確認できる。

それらの地域的な分布をみてみると、武蔵北部・上野・下野・常陸・下総・上総という、北条家の本国である相模・伊豆・武蔵南部より外部の地域にみられている。領国の周縁部が、こうした国衆の領国によって構成されていたことがわかる。しかし本国に接して、松山上田家・忍成田家・深谷上杉家が存在していることは注意しておきたい。それらが北条家に最初に従属したのは天文年間（一五三二～五五）のことであった。その後、成田家と深谷上杉家は、北条家から離叛した経験があり、最終的な従属は、成田家が永禄九年（一五六六）、深谷上杉家が天正三年（一五七五）のことであった。これらは国衆のなかでは、長期にわたって北条家に従属し続けた存在になる。そしてそのまま、北条家が滅亡する小

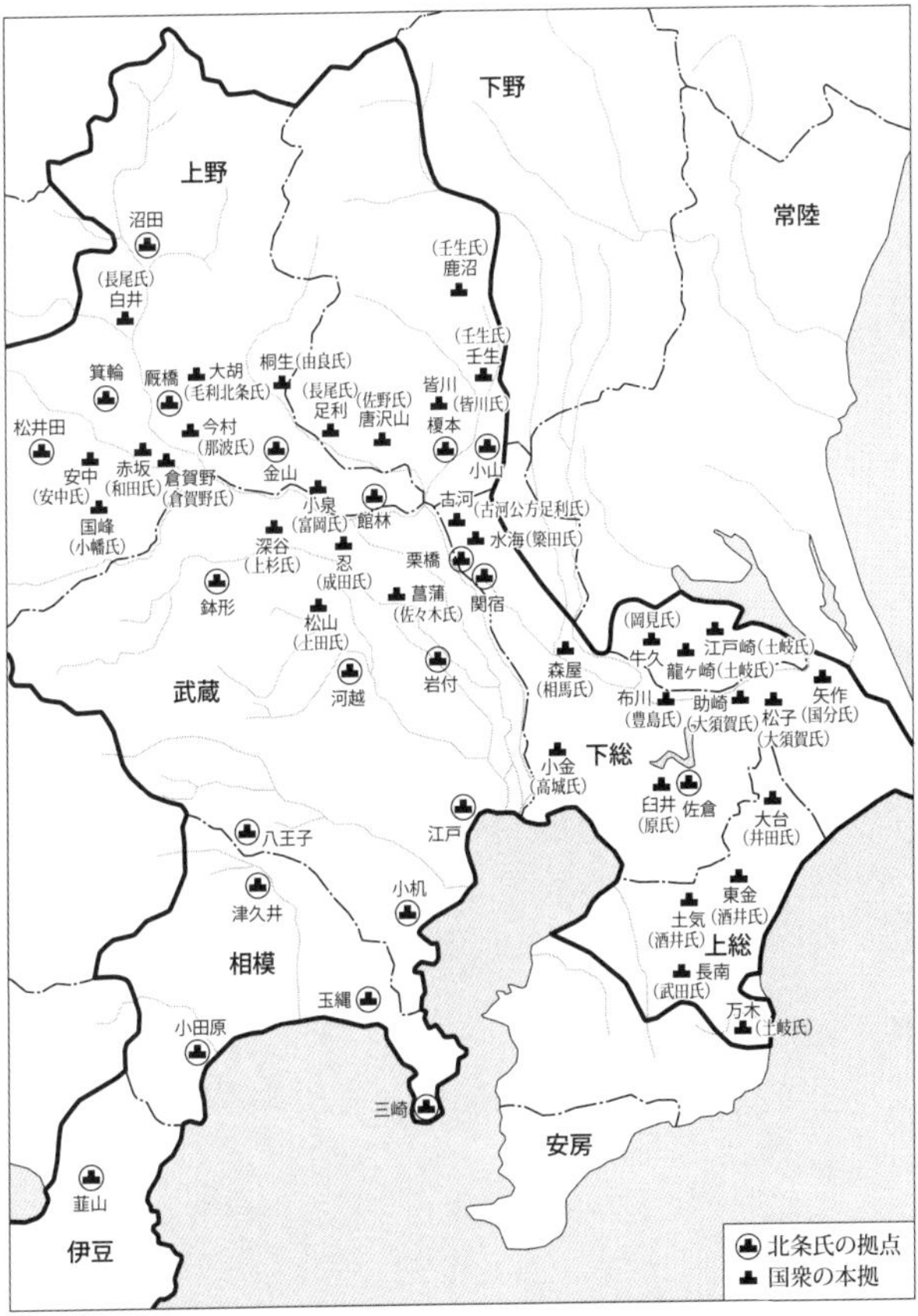

小田原合戦時の北条家の領国図（拙著『戦国北条家の判子行政』より）

田原合戦（一五九〇年）まで、独立的に領国を統治し続けたのであった。

それら国衆の領国が、本国の外部に存在しているということはすなわち、北条家の本国外部の領国化が、それら国衆を従属させたことによったことを認識できる。もちろん本国の外部にも、北条家が直接に領域支配を管轄した領域は存在した。武蔵の八王子領・鉢形領・岩付領、上野の箕輪領・沼田領、毛利北条家・由良家・館林長尾家から没収した城付領、下野の小山領・榎本領・佐野領、下総の関宿《せきやど》領・佐倉領などである。しかしそれらは、先行して存在した戦国大名や国衆が、滅亡もしくは断絶したために、その領国を併合し、直接統治したものであった。したがってそのような事態が成立したのは、むしろきわめて限られた状況にあった。

このことから、戦国大名は、決して国衆を滅亡させたり、譜代家臣化させて、その領国を併合しようとしたのではなかったことがわかる。戦国大名は、国衆が国衆として存立している限り、その独立的な領国統治を保証し続けたのであった。そのことは、従属時期の早い武蔵北部の国衆が、最後まで国衆として存在し続けたことに、何よりも明らかであろう。戦国大名の領国はそもそも、その周縁部に、こうした独立的な領国統治が展開された国衆の領国を多数、含み込んでいたのである。

そしてその状況は、ここにみてきた北条家の場合だけでなく、すべての戦国大名に共通していた。従属してきた国衆に、独立的な領国支配を認め続けないという戦国大名は、一つとして存在しなかった。ちなみにドラマや小説的な発想では、戦国大名はそうした国衆を没落させて、その領国を併合することを志向していたと思いがちになる。しかしそのような現実はなく、それは机上の空想にすぎない。

戦国時代では、他大名との戦争が日常的におこなわれていた。そのようななかで、直接的な領国統治の拡大は、戦国大名にとって、負担の増加でしかなかった。その領国統治を担う一門・家老や領国の守備にあたる家臣を派遣しなければならなかったし、さらには支配のために膨大な決裁をしなければならなかったからである。戦国大名の家臣団は、戦争による消耗のため、基本的に人員不足であった。そのようななかで、人員を割き、あるいは政務の増加をもたらすことを、必ずしも戦国大名は好んでいなかったと考えられる。むしろ国衆が、領国を安定的に維持し、軍事奉公してくれているほうが、戦国大名にとっては好ましかったに違いない。日常的な戦乱のなかにあったことを忘れてはいけない。

「北条家所領役帳」での他国衆

国衆は、戦国大名の領国のなかで、どのような立場にあったのか。このことについて北条家とその「他国衆」の場合をもとにしながら、みていくことにしたい。北条家では、先に触れたように、国衆を「他国衆」と称していた。ただし「他国衆」という用語は、北条家の外部にあったものについての呼称のため、その対象は国衆に限られず、国衆の一族・家臣、旗本衆に編成されていたが譜代化していない家臣、他国の大名家の家臣など、広い範囲におよんでいる。しかし具体的な対象の多くが、国衆であったことも確かであった。

他国衆の用語が用いられている典型となる事例は、永禄二年（一五五九）二月に作成された「北条家所領役帳」（以下、単に「役帳」と表記する）である。同史料は、北条家が本国において所領を与えている家臣や寺社について、その所領とその貫高、所領に賦課する軍役などの知行役の賦課状況についてまとめたものである。家臣の記載は、「衆」という軍団ごとにまとめられている。「衆」のほとんどは先にみた「一手」に対応しているが、「衆」のなかには、複数の「一手」から構成されているものもあったので、必ずしも一致してはいない。そしてそのなかに、「他国衆」として括られている人々があった。

そこには三〇人があげられている。いずれも北条家から、本国で所領を与えられていた人々になる。記載をそのまま掲げるのは煩雑なので、整理しながら掲げておこう。

（甲斐武田家家臣）郡内領小山田信有ら四人
（扇谷上杉家旧臣）難波田《なんばだ》氏後家

（武蔵国衆）勝沼三田綱定とその家臣・同心四名
（武蔵国衆）岩付太田資正《すけまさ》とその一族・家臣九名
（武蔵国衆）松山上田宗調《そうちょう》とその同心二名
（下総国衆）小弓《おゆみ》原胤貞《たねさだ》
（上総国衆）土気酒井胤治《たねはる》
（上総国衆）東金酒井胤敏《たねとし》
（武蔵国衆）油井領（由井大石家領）とその一族一名
（武蔵国衆）忍成田長泰
（下総国衆）高城胤吉《たねよし》

このうち冒頭にあがっている郡内小山田信有ら武田家家臣は、北条家に従属していたわけではなかった。当時、北条家と武田家は同盟関係にあり、彼らはそこで、武田家から北条家に対する取次を担ったものたちになる。北条家が、それら取次担当者に、本国で所領を与えていたものになる。戦国大名が、同盟関係にある大名の取次担当家臣に、所領を与えるのは、外交における恩賞としてのもので、他でもみられたことであった。こうした所領については「取次給」と称されている（丸島和洋『戦国大名の外交』）。したがって彼らは北条家の国衆ではない。

次にあがっている難波田氏後家は、かつて武蔵の戦国大名で北条家に滅ぼされた扇谷上杉家で家宰を務めていた、難波田善銀《ぜんぎん》の未亡人とみなされる。この所領はおそらく彼女への堪忍分（生活のための所領）と思われる。難波田家が有力な武家であったため、堪忍分が与えられたのであろう。そして後家であったため、譜代家臣に編成されることはなく、他国衆として記載されたのだろうと思う。

そして以下に続くのが、北条家に従属する国衆にあたっている。そこには勝沼三田家・岩付太田家・松山上田家・由井大石家・忍成田家の武蔵国衆、小弓原家・小金高城家・土気酒井家・東金酒井家の下総・上総国衆があがっている。彼らは国衆であったから、それぞれ領国を有していた。しかしここに記載されている所領は、北条家からその本国で与えられたものだけになっている。「役帳」にあげられている所領は、北条家から「国役」の賦課対象となる地であった。国衆の領国がここにあがっていないのは、国衆の領国が、北条家から「国役」の賦課対象とされていなかったことを意味している。

勝沼三田家・岩付太田家・松山上田家・由井大石家については、当主だけでなく、その一族・家臣・同心にも所領が与えられていた。まず当主に与えられている所領は、基本的には「在府領」とみることができ、国衆家の当主が北条家の本拠・小田原城に挨拶に赴くにあたっての、交通費・滞在費のようなものになる。その一族・家臣・同心にも所領が与えられているのは、北条家当主との対面性を前提にしたものになる。それこそ北条家への担当取次として、取次給として与えられたものや、国衆家において家老などの地位にあり、国衆を左右する存在のため、恩賞として与えられたものと考えられる。

国衆の一族・家老も、国衆が北条家への忠節を果たした場合に、当主とは別に恩賞として所領を与えられた。それら一族・家老の働きが、国衆による北条家への忠節を実現していたためであった。このことによって、それら一族・家老らは、北条家の直臣の立場になった。ちなみにこうした事態について、戦国大名家は国衆の家臣団の解体を志向していた、などと考えられることもある。しかしその考えは全く成り立たない。戦国大名としては、その国衆からの忠節を維持し続けてもらうために、国衆に影響力のある存在とも、親密な関係を形成することに努めていたのであった。

なおこの時点で、由井大石家は、北条家三代当主・氏康の三男氏照によって養子継承されていた。そのため「油井領」というのは、実際には氏照の所領にあたる。ただし実際の大石家の領国の由井領は、北条家の本国の外部に位置していた。したがってここで「油井領」とあるのは、由井大石家の所領分という意味でのものになる。またここにあがっている所領は、以前に北条家から大石家に在府領などの性格で与えられたもので、北条家から

「国役」の賦課対象とされていたものにあたると考えられる。

武蔵の国衆としては、これらに加えて忍成田家があげられている。この当時、北条家に従属していた武蔵国衆には、ほかに花園藤田家と深谷上杉家があったが、ここにあがっていないということは、それらには本国で所領は与えられていなかったことになる。その違いの理由は明確にならないが、ここにあがっている所領の性格が在府領にあったとすれば、藤田家と深谷上杉家はいまだ小田原に参府していなかったことによるのかもしれない。

その他の小弓原家らは、下総・上総の国衆になる。そのうち原家は、佐倉千葉家の家宰的な存在であった。そして高城家らは、原家の政治的統制下におかれていた存在になる。そのためここには、原家とその政治的統制下にあった国衆が、あがっていることになる（拙著『戦国期領域権力と地域社会』『戦国の房総と北条氏』）。佐倉千葉家は、北条家に従属する関係にあったが、その家格は基本的には北条家と同格であった。そのためこのように所領を与えられるということはなく、いまだ北条家への参府もおこなっていなかったと考えられる。また千葉家には、原家以外にも有力な一族・家老があったが、ここで原家とその関係者のみがあがっているということは、原家らは、個別に北条家と従属関係を形成したことが考えられる。このことは、それらへの取次の違いからもうかがうことができるが、そのことについてはのちに取り上げることにする。

他国衆の政治的地位

北条家は、国衆に対してどのような政治待遇をしていたのであろうか。そのことを端的に表現したものがある。天正八年（一五八〇）に、北条家四代当主の氏政《うじまさ》が、弟で鉢形城主の藤田（北条）氏邦に出した書状のなかで、新田由良家と館林長尾家について、「一門・家老同前」（戦北二一四二）と表現している。これにより北条家は、国衆を、一門である御一家衆や重臣である家老衆と同等の存在として位置付けていたことがわかる。外様の国衆として、北条家の家組織の外部に位置したが、その政治的地位は、御一家衆・家老と同等のものとされていた。

このことは先に触れた「小田原一手役之書立写」からも認識できる。そこにあげられている人名には、「殿」付けで記されているものと、官途名（朝廷の中央官職に因む通称）・受《ず》領《りょう》名（朝廷の地方官職に因む通称）などの通称だけで記されている、いわゆる「打ち付け書き」されているものとがあった。御一家衆は、「陸奥守殿（北条氏照）」というように、すべて殿付けで記されている。家老衆のうち、松田家・遠山家・大道寺家の三家のみ、殿付けで記されている。この三家は、家老衆のなかでも、「一族」という家格に位置付けられていた存在になる。その他の家老衆は、「清水太郎左衛門」とのみ、打ち付け書きにされている。そこには明確な家格における差違があったことがわかる。

　では国衆についてはどうであろうか。国衆については、「上田殿」というように、基本的には殿付けされている。このことからそれら国衆が、御一家衆や「一族」家格にある家老衆と、同列の身分的地位に位置付けられていたことがわかる。ただし国衆のなかには、殿付けされていなくて、一般の家老衆と同じく、打ち付け書きで記されているものもみられている。白井長尾家・館林長尾家・士気酒井家・東金酒井家・小金高城家・布川豊島家・牛久岡見家・足高岡見家・藤岡茂呂家である。もっともそのうち両長尾家については、「白井長尾」などとのみあり、他とは違って通称は記されていないので、記載の仕方の都合によるもので、実質的には殿付けと同等であったとみるのが適当であろう。そうすると打ち付け書きであったのは、「酒井伯耆《ほうき》守」などとある、七名となる。

　それらの国衆と、殿付けされている国衆との間には、明確な家格の差違があったことがわかる。士気酒井家らは、北条家での一般の家老衆と同等の身分的地位におかれていたことがわかる。両酒井家・高城家・豊島家は、本来は臼井（もと小弓）原家の政治的統制下にあった存在であった。両岡見家は、本来は常陸で守護家相当の身分の「大名《たいめい》」の地位にあった小田家の家老であった。藤岡茂呂家は、有力な国衆であった館林赤井家の家老であった。そうすると、彼らはもともと、「大名」や国衆の家老出身で、本来の身分も低かったため、それ以外の国衆との間に、身分差が生じていたと考えられる。

北条家に従属する国衆にみられた現象として、興味深いのが、領国統治のために出した公文書に、印判状《いんぱんじょう》の書式をとるものが多かったことである。そして印判には、朱印で出す場合と、黒印で出す場合があった。北条家は、公文書に印判状を利用した戦国大名家として著名であり、それは御一家衆や家老衆にもみられていた。そのなかで朱印状で出すものと、黒印状で出すものとがあった。御一家衆はすべてが朱印状で出していた。家老衆のうち、「一族」家格にあった三家と本来は国衆であった津久井内藤家は朱印状で出していたが、一般の家老衆は黒印状で出していた。北条家においては、朱印を使用できるものと、黒印しか使用できないものというように、身分差がみられていた。

では国衆についてはどうであったか。すでに滅亡していたもの、先の史料にあがっていないものも含めてあげてみると、朱印状を出していたものに、岩付太田家・忍成田家・新田由良家・館林長尾家・松山上田家・佐倉千葉家・臼井原家・佐野家・赤坂和田家・国峰小幡家があった。対して黒印状で出していたものに、小金高城家・下野小山家・白井長尾家があった。その他に、花押代用としての印判使用の事例がみられているが、それは印判状ではないので、ここでは除外して考える。こうしてみると、国衆には、北条家に倣って、印判状という書式を利用していたものが多く存在したことがわかる。そしてそのなかで、朱印と黒印の違いに、一定の家格差の存在をみることもできる。

もう一つ、北条家当主から国衆に与えられた偏諱《へんき》について取り上げたい。中世において主従関係を象徴する行為の一つに、主君側が家来側に、自身の一字もしくは由緒ある一字を与えるという行為がさかんにおこなわれた。その字を偏諱という。そしてその偏諱には、与えられる側の身分の違いに対応して、与える字も異なっていた。北条家の場合では、代々の通字の「氏《うじ》」は、御一家衆のみに与えられた。そのなかで国衆についても、太田氏資《すけ》・成田氏長・深谷上杉氏憲、箕輪長野業正《なりまさ》の子氏業、由良成繁の最初の嫡男の氏繁、長南武田豊信の嫡男氏信に与えられている。これはそれらの家格が、御一家衆相当にあったことをうかがわせる。

それよりも格が下がる当主の下字は、御一家衆のなかでも家格の低い存在や家老衆、さらにはそれ以下の譜代家臣に与えられた。国衆についても与えられていて、二代氏綱の「綱」字は大石綱周《つなかね》（憲重からの改名）・三田綱定に、四代氏政の「政」字は、土気酒井胤治の最初の嫡男政茂、東金酒井政辰、足利長尾当長《まさなが》（のち景長）の最初の嫡男政長、小山秀綱の嫡男政種に、五代氏直の「直」字は箕輪内藤昌月の嫡男直矩《なおのり》、勝浦正木頼忠《まさきよりただ》の嫡男直連《なおつら》に与えられている。意外にその数は少ないようにも思われるが、偏諱は大抵、元服にともなって与えられるので、嫡男の元服時期に北条家に従属していたかどうか、など偶然に左右される要素が強かったことにもよろう。

　これらのことから国衆は、北条家では、基本的には御一家衆・「一族」家格の家老衆と同等の政治的地位におかれていて、国衆のなかでそれより家格の低いものでも、一般の家老衆と同等の政治的地位におかれていた、とみることができる。先の北条氏政が「一門・家老同前」と発言していたことは、実際のことであったとわかる。

北条家と他国衆との婚姻関係

　戦国大名と国衆との関係は、国衆からの軍事奉公を中心にした忠節によって維持された。国衆は、独自の領国を統治し、独自の軍団を構成しており、それが味方であるかどうかは、極論すれば、忠節がおこなわれているかどうかでしか判断できなかった。一門や譜代家臣の場合には、定例の出仕や業務の遂行によって、それらとの主従関係は絶えず確認できたが、国衆との場合は、そういうわけにいかなかった。なぜならば、国衆は大名家の外部に位置した、「味方」関係であったからである。

　戦国大名が、そうした外部の政治勢力との関係を維持するために用いた手段に、婚姻関係の形成がある。婚姻関係によって、両家は「親子・兄弟同前」の間柄と認識された。それは主として、同盟関係にあった他国の戦国大名家との間におこなわれることが多かったが、国衆とも、同様に婚姻関係が形成されていた。その状況を、北条家と国衆の場合についてみていこう。

まず北条本家と他国衆の婚姻関係についてみる。北条家二代当主の氏綱は、長女（浄心院）を武蔵江戸太田資高と結婚させた。江戸太田家は、国衆ではないが、旧扇谷上杉家の家老で、江戸城代を務め、江戸領において多くの所領を有していた、国衆的な存在であった。江戸太田家は、北条家の譜代家臣化するので、この婚姻は国衆との間のものではないが、同様の目的でおこなわれたものとみなされ、かつ北条家にとって、他家との婚姻の事例として最初になっている。

三代氏康は、三男氏照を武蔵由井大石家の婿養子とし、氏照は大石綱周の娘と結婚した。五男氏邦を武蔵花園藤田家の婿養子とし、氏邦は藤田泰邦の娘と結婚した。次女は下総佐倉千葉親胤《ちかたね》と結婚し、三女（長林院）は武蔵岩付太田氏資と結婚した。さらに「一族」家格の家老・遠山綱景《つなかげ》の娘（法性院）を養女とし、江戸太田康資《やすすけ》（資高の子）と結婚させている。

四代氏政は、次男源五郎を岩付太田家の婿養子とし、源五郎は太田氏資の娘（母は長林院）と結婚した。四男直重を佐倉千葉家の婿養子とし、直重は千葉邦胤《くにたね》（親胤の甥）の娘（母は氏政長女）と結婚した。長女（芳桂院殿）はその千葉邦胤と結婚した。さらに御一家衆・玉縄北条氏繁《うじしげ》（氏綱娘婿綱成の子）の娘を養女として武蔵深谷上杉氏憲と、公家・中《なか》御門《みかど》宣綱《のぶつな》の娘を養女として下野皆川広照と、武蔵国衆・成田氏長の娘を養女として下野小山政種と、それぞれ結婚させた。当主の実子には限りがあったため、御一家衆・「一族」家格の家老衆、さらには国衆など他家の娘を養女にして結婚させるという方策がとられていたことがわかる。

北条家の御一家衆と国衆の婚姻関係としては、当主の養女になったもの以外では、小《こ》机《づくえ》北条氏尭《うじたか》（氏綱の四男）の娘（智光院）が、上総勝浦正木頼忠と結婚した。氏尭の子氏忠は、下野佐野家の婿養子になり、佐野宗綱の娘と結婚した。玉縄北条氏勝（氏繁の子）は武蔵松山上田宗調の娘（蓮覚院）と結婚した。また「一族」家格の家老衆と国衆との間にも、婚姻関係がみられている。遠山綱景の最初の嫡男藤九郎は岩付太田資顕《すけあき》（資正の兄）の娘と結婚し、遠山綱景の娘は下総小金高城胤辰《たねとき》（胤吉の子）と結婚した。

このように北条家と国衆との間では、当主家の実子だけでなく、御一家衆・「一族」家格の家老衆との間にも婚姻関係が形成されていた。先に国衆は、北条家の御一家衆・家老衆と同等の家格に位置付けられていたことに触れたが、それはこうした婚姻関係においてもあてはまることがわかる。そしてこれらの婚姻関係によって、北条家と国衆は、長期にわたる安定的な政治関係の構築を図っていたとみることができる。

もっとも、北条家が婚姻関係を結んだ国衆は、国衆のすべてではなかった。しかしそこには、双方の世代的な関係や、結婚可能な子どもの有無など、物理的に厳しい制約があった。むしろそうした制約のもとにあったなかで、これだけの婚姻関係が結ばれていた、とみることもできる。さらには現在ではまだ確認できていない事例もあるに違いない。こうした戦国大名と国衆との婚姻関係の解明は、両者の政治関係をみていくうえで、重要な題材となっている。

「指南」と「小指南」

この章での最後に、北条家と国衆の意志連絡の仕組みについてみておくことにしたい。そもそも戦国大名家では、その意志決定は当主の決裁による。何らかの要望などがある場合、それは当主に上申されることになるが、日常において、当主に直接に上申できるのは、いわゆる側近家臣だけであった。一門・家老であっても、直接に当主に上申することはできず、あらかじめ当主側近家臣を取次に頼むことが必要であった。さらにそうした取次との関係は契約として存在したので、特定の取次を通じてしか、当主に上申できない仕組みになっていた。

北条家と国衆の場合についても同様である。しかも国衆の場合、日常的に当主と連絡を取るという状況にはなかったから、北条家と国衆との間の意志連絡は、双方の間に介在した互いの取次を通じてのみおこなわれた。そして北条家側で、国衆への取次にあたるものを「指南」「小指南」といい、国衆側から北条家への取次にあたるものを、「奏者《そうしゃ》」といった。北条家と国衆の関係は、前者を上位、後者を下位におくものであったので、取次の名称にもそうした上下関係が反映されていた。

両者における取次の担当者は、どういった経緯で決まるのか。それは国衆の従属に際しての取次によった。北条家と国衆の関係は、国衆が北条家に従属することによって成立する。従属の際には、それを働きかけ、相手方に取り次ぐものが双方において存在した。その取次者が、その後もそのまま双方における取次を担当したのである。ただしその後において、どちらかの都合によって、取次が変更される場合もあった。

北条家側の取次は、「指南」「小指南」と称していたが、これには階層差があった。「指南」が取次の責任者になるが、それには御一家衆か「一族」家格の家老衆が務めていた。対して「小指南」は、当主の側近家臣集団である御馬廻《おうままわり》衆《しゅう》に所属する家臣が務めていた。これは「指南」を務める御一家衆・家老衆でも、直接に当主に上申することはできず、当主側近家臣を取次に頼まなければならなかったことによる。「小指南」は「指南」に対して取次を務めた人物にあたっていた。

ではなぜ「指南」には、御一家衆・「一族」家格の家老衆という、北条家権力のなかでも最高位に位置した人々があたっていたのか。それは国衆に対して、軍事指揮する場合があったからである。国衆は、独自に軍団を構成していたが、北条家のもとで軍事行動する際には、北条家から軍事指揮をうけるものとなる。国衆が勝手に軍事行動できるわけではなかった。その際に、「指南」から、軍事行動を監督する「検使」が派遣された。すなわち目付である。また「指南」は、独自の判断で国衆に対して、作戦指示をおこなうことができた。国衆の軍事行動については、当主が直々に指示するのではなく、それに代わって「指南」がおこなったのである。そのため「指南」は、当主の代行を務めることができる、御一家衆・「一族」家格の家老衆しか務めることができなかったといえる。

具体的な状況をみていこう。まず武蔵の国衆の場合である。岩付太田家に対しては御一家衆・玉縄北条綱成が「指南」を務め、「小指南」を笠原康明が務めていた。松山上田家に対しては「一族」家格の家老・松田憲秀が、忍成田家に対しては御一家衆・北条氏照が、深谷上杉家に対しては「一族」家格の家老・大道寺政繁が、それぞれ「指南」を務めていた。

上野の国衆の場合では、国峰小幡家・安中家・赤坂和田家・箕輪内藤家・白井長尾家・新田由良家・館林長尾家に対しては御一家衆・北条氏邦が「指南」を務め、「小指南」を、由良家・館林長尾家については石巻康敬が、それ以外については垪和《はが》康忠《やすただ》が務めていた。厩橋毛利北条家・大胡家・今村那波家に対しては北条氏照が「指南」を務め、「小指南」を垪和康忠が務めていた。

下総・上総国衆の場合では、佐倉千葉家・小金高城家・大台井田家に対しては「一族」家格の家老・遠山家（綱景・政景・直景）が「指南」を務め、「小指南」を山角定勝が務め、臼井原家・土気酒井家・布川豊島家・森屋相馬家・上総万喜《まんぎ》土岐家に対しては松田憲秀が「指南」を務め、「小指南」を幸田定治が務め、勝浦正木家に対しては北条氏照が「指南」を務め、「小指南」を狩野泰光が務め、東金酒井家・長南武田家に対しては御一家衆・北条氏規（氏康の四男）が「指南」を務めていた。

下野国衆の場合では、佐野家・皆川家・壬生家に対して、北条氏照が「指南」を務め、「小指南」を石巻康政が務めていた。常陸の国衆の場合では、江戸崎土岐家に対して松田憲秀が、牛久・足高両岡見家に対して北条氏照が、それぞれ「指南」を務めていた。

このようにみてみると、「指南」を御一家衆か「一族」家格の家老衆のみが務めていて、「小指南」を御馬廻衆所属の当主側近家臣が務めていた状況が、よくわかるであろう。さらには「指南」「小指南」の在り方には、地域性をみることができる。上野の国衆のほとんどは、北条氏邦が「指南」を務めているが、これは氏邦が、彼らへの従属の働きかけをおこない、取り次いだ結果によることを示している。上野国衆のなかでは、厩橋毛利北条家ら三家についてのみ、北条氏照が「指南」を務めているが、大胡家は毛利北条家の一族、那波家はその縁戚で、一体的な行動をとっていたため、毛利北条家が氏照を頼んで北条家に従属したことにともない、それらの二家もそれに同調したことによっている。

下総・上総では、佐倉千葉家とその関係者については、遠山家が務めているのに対し、臼井原家などについては松田憲秀が務めている。原家・酒井家・豊島家は、千葉家の勢力下にあった存在になるが、それらが松田憲秀を「指南」としているのは、何らかの事情により、千葉家の意向とは別に、北条家に従属することがあったためと考えられる。

国衆の従属は、それら「指南」からの働きかけ、国衆側からの「指南」への働きかけによるものであったが、近隣の国衆の働きかけによる場合もあった。天正一一年（一五八三）に、東金酒井政辰は勝浦正木頼忠に北条家への従属をすすめ、その際に北条氏照か同氏規を取次に頼むことを助言している（戦北四一二九）。氏照は頼忠の先代・時忠の時に「指南」を務めていて、氏規はおそらく東金酒井家の「指南」を務めていたため、ここであげられているのだろうと思われる。正木頼忠は、北条家に従属することはなかったが、国衆の従属に際して、「指南」がどう選択されるかの事情をうかがうことができるであろう。

国衆は、北条家との関係については、「指南」に一切を委ねていた。しかしそれゆえに、

「指南」との関係が悪化すると、国衆はその戦国大名のもとでの存続を果たせなくなる。下総結城家は、天正五年（一五七七）に北条家から離叛するが、その理由は、松田憲秀が「政事に不義があり、結城城の没収を欲した」ためという（「結城系図」『結城市史第一巻』）。結城家への「指南」は、実際には北条氏照であったとみなされるので、このエピソードの真実性は疑わしい。しかしここの松田憲秀を北条氏照に置き換え、国衆の進退の保証を担わなかったとすれば、この話は実態の一端を伝えるものとして受けとめることができる。戦国大名と国衆の政治関係が継続されるかどうかは、「指南」の働きによっていたことがわかる。

第四章　上杉謙信と国衆

上杉謙信の国衆たち

戦国大名と国衆の関係について、十分な検討がおこなわれているのは、実際のところは先に触れたように、北条家と武田家の場合にすぎない。そのことは戦国大名の領国支配についての研究の低調さを意味している。ただし理由がないわけではない。北条家・武田家以外の戦国大名については、いわゆる領国支配に関する史料が少なく、その実態がなかなか把握できないのである。そのため戦国大名の領国の構造、そのなかでの国衆の領国の範囲やそこでの領国支配の内容などについて、十分に把握することが難しい、という現実がある。しかし、だからといって手をこまねいているだけでは、研究の進展はない。史料が少ないのなら、少ないなりに追究の方法を開拓していくしかないのである。

そのためここで、私なりに新たな題材への取り組みに挑戦したいと思う。上杉謙信と国衆との関係について取り上げることにしたい。上杉謙信はよく知られているように、一代で、越後を本国に、越中・能登・加賀・信濃・上野にわたる大規模な領国を形成した、大規模戦国大名の一人である。この謙信の場合も、北条家や武田家と同じく、大名本国の国衆については、譜代家臣化したが、他国の国衆については、そのまま国衆として統制・従属関係を形成するかたちをとっていた。

謙信の領国支配の構造の実態については、史料の少なさにより十分に把握することはできない。しかしどのような国衆を従えていたのか、その国衆とどのような関係を結んでいたのか、ということについては、比較的政治史的な史料が豊富に残されていることと、関東や北陸での政治行動についての解明がすすんできていることから、十分に検討することができる。とくにどのような国衆を従えていたかを知ることができる史料が、偶然にもいくつか残されている。それらの史料を手がかりにして、謙信と国衆の関係について、みていくことにしたい。

あらかじめ取り上げる史料を紹介しておこう。

①「関東幕注文」（上越二七二）

永禄四年（一五六一）初め頃に、謙信（当時は長尾景虎）が本格的に関東に侵攻した際に、謙信のもとに参陣した関東武将を列記したもの。

②「関東衆軍役覚書」（上越四八一）

永禄九年初め頃に、常陸小田城（つくば市）・下総小金城（松戸市）を攻撃する際に、謙信（当時は上杉輝虎）が動員した関東武将とその軍役人数を列記したもの。

③「上杉家家中名字尽」（上越一三六九）

天正五年（一五七七）一二月二三日に作成された、謙信の一族・譜代重臣・国衆を列記したもの。記載された人々の性格については確定されていないが、いずれも有力者とみなされるので、「一手」を構成する武将たちであったと推測できる（栗原修『戦国期上杉・武田氏の上野支配』）。

ちなみに謙信の一族・譜代重臣の構成については、天正三年二月一〇日に作成された「上杉家軍役帳」（上越一二四六〜七）によって知ることができる。それは一族・譜代重臣に負担させる軍役人数とその武装について、およそ「一手」と推測される単位で列記したと考えられるもので、北条家における「役帳」と類似する性格の史料とみることができる。先の①②③の史料から、ここにみえている人々を除いたものが、基本的には、国衆と認識することができることになる。

「関東幕注文」にみえる国衆

謙信が最初に関東に侵攻したのは、天文二一年（一五五二）七月から一〇月頃のことであった。これは謙信にとって、はじめて他国に侵攻したものでもあった。この年の三月、上野平井城（藤岡市）を本拠にしていた、関東管領・山内上杉憲政《のりまさ》（当時は憲当《のりまさ》）は、北条家の侵攻をうけて、本拠から没落し、北上野の白井長尾家を頼って白井城（渋川市）に後退し、そこで謙信に支援を求めた。謙信はそれを容れて、上杉憲政を越後に引き取ったうえで、憲政を復帰させるため上野に進軍した。しかし目立った軍事行動はなく、目的は達せられなかった。

謙信が次に関東に侵攻したのが、それから八年後の永禄三年（一五六〇）九月であった。これが本格的な侵攻の開始にあたる。同年のうちに上野の国衆を経略して厩橋城（前橋市）に在城し、翌永禄四年から武蔵への侵攻を開始し、三月には北条家の本拠・小田原城を攻撃したうえで、閏三月に相模鎌倉に入った。そこで関東武家の守護神である鶴岡八幡宮において、上杉憲政から家督を譲られ、上杉政虎《まさとら》に改名して、関東管領職を継承するのであった。

「関東幕注文」は、上野に侵攻してから鎌倉に在陣した時期までに、謙信のもとに参陣してきた関東武将を列記したもの、と考えられる。記載は、軍団を意味する「衆」ごとにおこなわれ、衆の指揮者を筆頭に、それに従う一族・家臣・与力の名を記す、という内容で、上野・下野・古河公方家・武蔵・常陸・安房・上総・下総の順で記されている。おおよそは参陣してきた順によるものと思われる。

上野では、白井長尾憲景・惣社長尾景総《かげふさ》・箕輪長野業正・厩橋長野彦九郎・沼田顕泰《あきやす》・

岩下斎藤越前守・新田横瀬（のち由良）成繁があがっている。いずれも国衆である。このうち厩橋長野家は、永禄三年一二月一四日に、出仕した先の西庄赤石城（伊勢崎市）で、叔父の大胡左馬允《さまのじょう》とともに、謀叛の疑いにより謙信に殺害されている。赤石城は国衆の那波宗俊の本拠で、那波家は北条家への従属を維持したために、謙信の攻撃をうけて滅亡させられていた。ここに厩橋長野家・大胡家も滅亡させられた。那波家の領国である那波郡・西庄西部は、やがて新田横瀬家に与えられる。厩橋長野家・大胡家の領国の厩橋領・大胡領は、当初は謙信の直接支配下におかれたが、のちに越後国衆で重臣化していた毛利北条高広（芳林《ほうりん》）に与えられる。また沼田家は、越後に引き取られて、その領国の沼田領は、謙信の直接支配下におかれるものとなる。

下野では、足利長尾景長・小山秀綱・宇都宮広綱・宇都宮同心皆川俊宗・上野桐生佐野直綱・佐野昌綱があがっている。桐生佐野家は上野の国衆であるが、下野佐野家の同族であったため、一緒に記載されたのだろう。それらのうち小山家・桐生佐野家・佐野家については、殿付けで記されている。宇都宮家については、単に「宇都宮」とのみ記されているが、おそらく「殿」が脱落したものであろう。小山家・宇都宮家は、室町時代以来の、守護家相当の「大名」身分にあった。両佐野家は、室町時代には鎌倉公方足利家奉公衆の立場にあったが、ここで同じく殿付けされていることから、それまでに「大名」と同等の家格を認められていたとみなされる。

ここで注目されるのは、「大名」身分にあった小山・宇都宮・両佐野家が、自身、謙信のもとに参陣していることである。小山家・宇都宮家について、戦国大名とみる考えもあるが、謙信との関係においては、国衆と同列におかれていたとみることができる。

古河公方家というのは、古河公方足利家の家老筆頭の関宿簗田晴助《はるすけ》の軍団にあたる。そこには、簗田家の与力であった下総森屋相馬家も含まれている。この相馬家は、森屋領を領国とした国衆であったが、簗田家の政治的統制下におかれていたため、簗田家配下の扱いになっている。相馬家が簗田家から政治的に自立し、北条家に直属する国衆になるのは、これより後のことになる。

武蔵では、忍成田長泰・羽生広田直繁・同河田谷《かわたや》（のち木戸）忠朝・花園藤田家・深谷上杉家・岩付太田資正・勝沼三田綱定があがっている。このうち藤田家の当主は、北条氏康の五男氏邦（当時は幼名乙千代丸）であったが、この時はまだ小田原にあって領国には不在であった。ここでは「藤田幕」と記されており、それは藤田家の家中で、氏邦から離叛し、謙信に従ったものたちにあたる。また深谷上杉家とその同族の市田家については、「深谷御幕」「市田御幕」と、「御」付けされている。深谷上杉家は、山内上杉家の庶流家にあたり、謙信よりも家格が上であったからであろう。人名は表記されていないので、当主自身は参陣していない可能性が考えられる。

常陸では、小田家の一族・重臣、真壁家、下総結城家重臣・一族の下妻《しもつま》多賀谷家・下館《しもだて》水谷《みずのや》家があがっている。小田家・結城家も「大名」身分であった。小田家当主は参陣せず、一族・家臣を派遣したのであろう。結城家当主は北条家に従属しており、多賀谷家・水谷家はそれから離叛して謙信に参陣したと考えられる。ただしのちに謙信は、「大名」身分にあった佐竹義昭・小田氏治も参陣したように記している（上越四二九）。その場合、「幕注文」の記載は、限定的なものであった可能性も想定される。

安房では、里見家の一族・重臣があがっている。そのうち筆頭に記された里見実房については、「里見民部少輔殿」と殿付けされている。里見家は、室町時代には鎌倉公方足利家の御一家の家格にあったが、ここでは里見家当主は「大名」身分に位置していたこと、その有力一族の里見実房も、同様の身分に位置していたことがうかがわれ、それゆえに殿付けされているのであろう。ただし里見家当主の義堯・義弘父子は、この時に謙信のもとに参陣したことが確認される（上越三七五）。このことからすると当主父子は記載されなかったことになるが、その理由は判明しない。

上総では、東金酒井胤敏・飯櫃山室勝清《いいびつやまむろかつきよ》が、下総では小金高城胤吉があがっている。酒井家・高城家は、佐倉千葉家家宰の小弓原家の政治的統制下にあったが、千葉家・原家は北条家への従属を続けているので、そこから離叛してのことであろう。山室家は、千葉家の直臣であり、領国を形成する国衆にはなかったが、同様に千葉家から離叛してのことと思われる。

以上が「関東幕注文」にみえる関東の国衆・「大名」であった。謙信が本格的に関東に侵攻した際に、いかに多くの関東国衆を従属させたかがわかる。しかしその後、北条家による反撃が展開されていくことで、それら国衆は謙信と北条家のいずれに従属するかの選択を迫られ続けるものとなる。

「関東衆軍役覚書」にみえる国衆

謙信はそれから永禄一〇年（一五六七）まで、連年におよんで関東への侵攻を続けた。謙信と北条家の関東支配をめぐる攻防は、一進一退の様相をみせたが、大勢としては、北条家による回復がすすんでいった。安房里見家が経略していた下総葛西領、岩付太田家が経略していた武蔵松山城（吉見町）は奪回され、勝沼三田家が滅ぼされ、岩付太田家で資正から嫡男氏資への当主交替のクーデターが起き、同家は北条方に転じた。その一方で謙信は、上野館林領の赤井家を滅ぼして同領を足利長尾家に与え、下野佐野城（佐野市）に越後衆を在城させて、同城を拠点化した。

謙信の関東侵攻は、永禄九年（一五六六）に一旦、頓挫する。その要因になったのは、同年三月における下総臼井城（佐倉市）攻めの失敗であった。同年初め、謙信は関東の「大名」・国衆を総動員して、常陸小田家攻めをおこなって、同家を従属させ、その後はそのまま下総に侵攻し、北条方になっていた高城家の本拠の小金城、小弓原家の属城・臼井城の攻略を図った。謙信が下総に進軍したのは、安房里見家のもとへの退去を余儀なくされていた古河公方足利藤氏《ふじうじ》を迎えるため、と考えられる。この足利藤氏は、簗田晴助の意向をうけて、謙信が古河公方に据えた存在であった。

「関東衆軍役覚書」は、この時に軍事動員した関東の「大名」・国衆とその軍役人数を列記したものになる。下総結城家・下野小山秀綱・同榎本小山高朝（秀綱の父）・同佐野家・上野横瀬家・同館林長尾家・武蔵成田家・同羽生広田家・同木戸忠朝・下総簗田家・上野小泉富岡主税助《ちからのすけ》・同厩橋毛利北条高広・同沼田衆・安房里見家の軍勢（「房州衆」）・上総土気酒井家・常陸片野太田道誉《どうよ》（資正）・下総栗橋野田景範・下野宇都宮家・常陸佐竹家があがっている。このうち厩橋毛利北条家と沼田衆は、謙信の直臣にあたる。関東に配備されていた存在のため、ここに記載されている。それ以外のものが、関東の「大名」・国衆であった。

それらのなかには、当主は参陣しないで、家臣を「代官」として派遣してきたものがあった。佐野家・宇都宮家・佐竹家である。安房里見家についても「房州衆」と記されていることから、当主の参陣はなく、家臣が派遣されてきたものだろう。それらはいずれも「大名」身分にあるものたちであった。そのため簡単には謙信のもとに自身参陣はおこなわなかったと考えられる。ただし同じく「大名」身分にあったものの、結城家と小山家は当主自身が参陣している。両家は、永禄六年に謙信の攻撃をうけて、降伏した存在であった。小山秀綱はその際に、出家して降参の作法をとり、実子を人質に出している（『戦国遺文房総編』一〇九四号）。両家はあらためて謙信への忠節を示す必要があり、そのため自身参陣したのであろう。

その他の国衆たちは、いずれも自身参陣したものになる。そのうち富岡主税助は、もとは館林赤井家の家老で、赤井家滅亡に際して謙信に独自に従属し、存立を認められていた。所領は小泉城（大泉町）を中心に小規模ながら領国を形成していた。土気酒井家は、永禄七年に謙信に従属してきたものになる。太田道誉は、もとは武蔵岩付城主であったが、永禄七年に嫡男氏資に追放され、牢人となった。この時には常陸佐竹家の庇護をうけて、常陸片野城（石岡市）とそれを中心にした片野領という領国を与えられていて、実質的に国衆として存在していた。野田景範は古河公方足利家の家老出身で、謙信の関東侵攻により古河公方足利義氏《よしうじ》（藤氏の弟）が北条領国に退去した後に謙信に従属し、栗橋領を領国とする国衆として存在していた。

この史料で注目されるのは、それら「大名」・国衆の軍役人数が記載されていることである。これは謙信が、それぞれの領主規模に応じて動員を指令したものと思われる。もちろんその領国の所領高などを把握していたわけではなかったが、おおよその領国規模は把握できたであろうから、それに応じて人数を規定したものであったろう。

もっとも多いのが里見家軍勢の五〇〇騎、それに次ぐのが横瀬家の三〇〇騎。次いで結城家・佐野家・成田家・宇都宮家・佐竹家の二〇〇騎である。このうち佐野・宇都宮・佐竹家は代官派遣であるから、実際の動員力はもっと多かったことであろう。その他については、小山家が小山・榎本両家合わせて一三〇騎、館林長尾家・簗田家・土気酒井家・片野太田道誉、それに羽生城の両者合わせて、それぞれ一〇〇騎、野田家が五〇騎、富岡家が三〇騎となっている。これをみると関東の国衆では、一〇〇騎ほどの動員勢力が基本的な存在で、二〇〇騎以上の動員勢力にあったものは有力な国衆、とみることができるであろう。

さて謙信が臼井城攻めに失敗したことで、その直後の五月から、関東の「大名」・国衆のほとんどは、謙信から離叛し、北条家に従属していった。戦争での敗北が、国衆からは頼りにならないと認識されたためであった。さらには越後衆の厩橋毛利北条家までもが離叛した。そうして永禄一一年（一五六八）には関東に侵攻することもなく、同年末の時点で、謙信の味方として存在したのは、里見・佐竹（太田道誉を含む）・宇都宮・簗田家だけになっていた。

「上杉家家中名字尽」にみえる国衆

謙信が再び本格的に関東への侵攻をおこなうのは、元亀《げんき》三年（一五七二）になって、北条家との同盟が崩壊したことをうけてであった。永禄一一年末に北条家から同盟を打診され、謙信はこれを容れて同一二年に同盟を形成した。しかしその同盟は、元亀二年末に決裂していた。謙信はその後、それまでと同じく、毎年のように関東に侵攻したが、天正二年（一五七四）に簗田家が北条家に従属したことで大勢は決し、同三年に深谷上杉家が北条家に従属し、小山家が北条家に滅ぼされたことで、関東での勢力は、沼田領と帰参していた厩橋毛利北条家、その姻戚の上野今村那波顕宗、味方の関係にあった里見・佐竹・宇都宮家のみの状態になった。

しかしその一方で謙信は、永禄三年（一五六〇）から越中への侵攻を展開していた。越後に隣接していた越中新川郡を領国とした国衆の椎名家と同盟関係にあり、その支援のためであった。ただ当初は、味方支援のための断続的な侵攻であった。それが永禄一一年に椎名家が敵方に離叛したことで、同一二年から侵攻は本格化した。謙信の北陸侵攻の過程については、萩原大輔氏の研究に詳しい（『謙信襲来』）。それをもとに述べていく。

永禄一二年に越中東部を制圧し、これを領国に組み込む。そして越中椎名家、越中中央部を領国とした国衆の神保《じんぼ》家、越中一向一揆勢力、能登畠山家の内乱などへの対応により、その後は連年におよんで越中への侵攻を展開した。天正四年（一五六七）には、ほぼ越中の制圧を遂げ、加賀・能登にも侵攻するようになっている。それにより北陸に進出してきた「天下人」織田家との抗争が開始されるものとなった。そして同五年九月に、能登畠山家の本拠・七尾《ななお》城（七尾市）を攻略するなどで能登一国の制圧を遂げ、同時に加賀に進軍して、手取川《てどりがわ》合戦ではじめて織田家と対戦してこれに勝利し、同地域までを勢力下におくのである。

その天正五年の末に作成されたのが、「上杉家家中名字尽」である。それはいわば、謙信の領国が最大規模になった状態を示すものであった。記載は、いわゆる「一手役」を務める武将を列記したものと考えられるので、謙信が軍事行動する際に、軍役を賦課するもののたちを書き立てたもの、とみることができる。しかもこれは、養子景勝《かげかつ》に習字の手本として与えたものだという。もっとも謙信は、その翌年の天正六年三月に急死してしまう。加賀からの帰陣後は、出陣することのないまま死去してしまった。その直前には、関東の味方勢力からの要請をうけて、再び関東への出陣を発令していたが、その実現をみることなく死去したのである。

さて「上杉家家中名字尽」にみえる国衆についてみていくことにしよう。記載は、上野・越後・越中・能登・加賀の地域順になっている。謙信はそのほかに、信濃北部の飯山領などを領国としていたが、それに関わる武将はあがっていない。信濃北部は謙信の直接、支配下におかれていて、在城衆などが派遣されたもので、その地域には「一手役」を務めるほどの国衆は存在していなかった、ということなのかもしれない。

上野の部分では、厩橋城・沼田城などに在所する譜代家臣のほか、国衆として今村那波顕宗、山上城（前橋市）在城と推測される倉賀野尚行があがっている。那波顕宗は、かつて謙信に滅ぼされた那波宗俊の嫡男で、謙信に人質として出されていたが、父宗俊滅亡後は越後で成長し、成人してからは毛利北条高広（芳林）の娘と結婚し、天正二年に謙信から那波郡今村城（伊勢崎市）の城主に取り立てられ、那波郡を領国として与えられていた。領国の規模は大きくはないが、国衆として存在した。倉賀野尚行は元倉賀野城主であったが、武田家の侵攻をうけて没落し、越後で謙信の庇護をうけていたが、やはり天正二年に山上城に配置されたと推定される。ただし所領は領国といえるものではなかったので、国衆とはみられない。しかしここにあげられているということは、山上城の城主として、その城付領を所領としていた可能性が高い。そのため国衆と同等の扱いをうけたのかもしれない。その一方で、八崎《はっさき》城に在城していた、元白井城主の長尾憲景があげられていない。その理由は不明だが、気になるところである。

越後の部分では、謙信の一門衆である古志《こし》上杉景信などや、家老衆の千坂《ちさか》景親《かげちか》らがあがっている。そこには謙信が越後支配を確立した時点で、国衆として存在していたものも、その後に譜代家臣化を遂げていた状況にあった。越中については、魚津城（魚津市）などに配備された譜代家臣のほか、国衆として小島職鎮《もとしげ》・神保氏張《うじはる》・遊佐左衛門尉《ゆささえもんのじょう》・石黒成《なり》綱《つな》・斎藤信利・寺崎盛永《もりなが》・小島国綱・寺島盛徳《もりのり》という、越中神保家の旧臣があがっている。能登については、七尾城などに配備された一門衆や譜代家臣のほか、譜代家臣化していたとみられる長沢光国・井上肥後守・長《ちょう》景連《かげつら》、そして国衆として遊佐続光《つぐみつ》・三宅長盛・同宗隆・温井《ぬくい》景隆《かげたか》・平尭知《たかとも》・西野隼人佑《はやとのじょう》・畠山大隅守《おおすみのかみ》・同将監《しょうげん》という、能登畠山家の旧臣があがっている。そして加賀については、下間《しもつま》頼純《らいじゅん》・七里《しちり》頼周《よりちか》・坪坂伯耆守・藤丸勝俊の一向一揆勢力があがっており、最後に越中の一向一揆勢力の瑞泉寺・勝興寺が記されている。

このようにみてくると、「上杉家家中名字尽」にみえる国衆とはいっても、上野・越中・能登におけるものは、謙信に直参化した人々に限られていたとみることができる。上野の二人は、ともに没落状態から謙信によってあらためて取り立てられたもので、従来からの国衆ではなかった。越中については有力国衆であった神保家の旧臣たち、能登については能登守護畠山家の旧臣たちと一向一揆勢力に限られていた。加賀については一向一揆勢力からなっていた。このうちで国衆として領国支配を展開した存在は、小規模ながら上野那波家のみといえるかもしれない。ただこれについては、神保旧臣・畠山旧臣・一向一揆勢力による所領支配の状況が判明しないとなんともいえない。

その一方で、この時期に関東で謙信の味方勢力として存在していたものに、里見・佐竹・宇都宮・結城家があった。それらとの政治関係は、それこそ最初の関東侵攻の時期からのものであったが、その盟約関係には数度の断絶があった。この時点では、里見・佐竹・宇都宮家とは天正三年に、結城家とは同五年にあらためて盟約関係を成立させた状況にあった。しかもその間に、謙信はまだそれらを軍事動員していなかった。もしかしたらそれらの記載がなかったのは、そのためかもしれない。翌年に予定された関東侵攻が実現し、それらの軍事動員が実現していたら、それら関東の「大名」クラスのものたちも、「上杉家家中名字尽」に記載されたのかもしれない。

国衆への領国・偏諱の付与

謙信はそれらの国衆と、どのような政治関係を形成していたのであろうか。そのことを認識できる事柄をいくつか取り上げてみたい。

謙信の場合に顕著にみられることに、経略領国を国衆に与えていることがあげられる。関東に本格的に侵攻したのち、永禄四年（一五六一）に、前年に滅ぼした赤石那波家の領国の那波郡・西庄西部を、新田横瀬（のち由良）成繁に与えている。同五年には、館林赤井家を滅ぼしたことをうけて、領国の館林領を、足利（のち館林）長尾家に与えている。両家はこれにより領国を倍増させたかたちになっている。謙信がいちはやく両家に新たな領国を付与しているのは、謙信の関東侵攻において両家の果たした役割がきわめて大きかったからと考えられる。

その後でも、永禄七年に常陸小田家を没落させた時には、その領国を常陸佐竹家に与えている。同一二年に北条家との同盟（越相同盟）にともなって、館林長尾家が謙信に従属すると、かつて与えた館林領を取り上げ、これを羽生広田直繁に与えている。また天正二年（一五七四）に、由良家から那波郡を経略すると、今村城を取り立て、越後で庇護していた那波顕宗に与えて、国衆として復活させている。また領国というまではいかないが、上野での経略地に、すでに没落していた国衆の白井長尾家・安中家（久繁）・倉賀野家（尚行）に所領を与えて、領主として復活させている。

戦国大名がこのように国衆に新たな領国を与えるという事例は、あまりみられない。とはいえ北条家も、忍成田家に武蔵本庄領と羽生領を与えている事例、信濃国衆であった相木依田家に上野で所領を与えている事例、武田家でも信濃真田家に上野岩櫃領を管轄させている事例、駿河葛山家や遠江小笠原家に駿河富士郡で所領を与えている事例などがあるので、全くなかったわけではない。しかし謙信の場合には、そのことが顕著にみうけられる。北条家や武田家では、どちらかというと滅亡させた国衆領国は接収し、直接統治下におくことを基本にしていた傾向が強い。

もちろん謙信も同様のことをおこなっている。上野では厩橋領・大胡領・沼田領、越中では椎名領・富山領、能登では七尾領などについて、直接統治下においているので、変わりはないといえるかもしれない。しかしそれでも、上野における以上にみた処置は、特徴的といえるであろう。経略した国衆領国を、直接統治下におくか味方の国衆に与えるかは、その時々の政治状況に左右されたことであろう。しかし領国を与えるというのは、それだけ国衆からのそれまでにおける忠節に厚く報いるためであるとともに、以後における忠節に期待するところがあったからと考えられる。謙信はその場合、躊躇なく新たな領国を与える性分であったのかもしれない。

謙信はまた、国衆に偏諱を与えている。謙信の偏諱には、養子継承した山内上杉家に由来する「顕」字と、出身の府中長尾家に由来する「景」字・「長」字があった。「顕」字を与えた国衆とみなされるものに、今村那波顕宗と館林長尾顕長（景長の養嗣子）がある。

また謙信は、室町幕府将軍足利義輝《よしてる》から偏諱を得て、上杉輝虎を名乗ったが、その「輝」も偏諱として与えていたと推定され、白井長尾憲景の嫡男輝景はそれによるものと考えられる。「景」字については、館林長尾景長（当長から改名）、上野国峰小幡家の当主として扱った小幡景高（次郎）、安中景繁、栗橋野田景範などに与えたとみなされる（当時の史料で実名は確認されないが、沼田景義もこれにあたるか）。

その人数は決して多いとはいえないものの、謙信が国衆との政治関係を構築するにあたって、偏諱を与えていたことが確認できる。それらのうち館林長尾景長以外は、いずれも元服に際しておこなわれたものとみなされる。偏諱授与は、国衆が従属関係にあったなかで、嫡男が元服する時期にあたった場合に、みられるものであった。それでもこれだけの事例を確認できることからすると、謙信は国衆について、偏諱を与えることを基本にしていたとみることができるであろう。

国衆との養子・婚姻関係

次に、政治関係の安定化において大きな効力を持った、養子・婚姻関係についてみてみたい。しかしよく知られているように、謙信には実子が一人もいなかった。そのような条件におかれていた謙信は、どのように対処したのであったか。

もっとも特異な事例とみなされるのが、人質として出されていたものを、養子にして、実家に送り込む、という事例であろう。それは佐野虎房丸《とらふさまる》の事例である。謙信は、最初に本格的に関東に侵攻した永禄三年（一五六〇）に、下野佐野昌綱を従属させた。その際に昌綱から、実子の虎房丸（次男であろう）を人質に出させた。佐野家はその後、謙信からの離叛と従属を繰り返した。そのうえで謙信は、永禄九年初めに、佐野城を関東中央部への進軍を確保する拠点として位置付け、譜代重臣を在城衆として派遣した。しかし周辺の国衆がこぞって謙信から離叛したことをうけて、佐野昌綱もそれに同調しようとした。さらに北条家による佐野城への攻撃があった。

これをうけて謙信は、翌永禄一〇年三月に越後衆の重臣・色部勝長《いろべかつなが》を新たに在城衆として派遣したが、なおも北条家からの圧迫が続いたため、同年五月に、佐野昌綱から人質に出されていた虎房丸を、自身の養子にしたうえで、同城に派遣したのである（上越五六二

〜六)。これは人質の返還ではないか、とも思われるのだが、虎房丸の立場は、あくまでも謙信養子であったらしい。しかしそれでも北条家からの攻勢を凌ぐことはできず、同年一〇月に佐野昌綱はついに離叛して、北条軍とともに佐野城攻略をすすめた。謙信は救援のため同城に着陣し、北条軍と佐野昌綱を撃退したが、これ以上の同城の維持は困難と判断して、同城を佐野昌綱に返還するとともに、養子とした虎房丸以下の在城衆を連れて引き上げた。虎房丸のその後の動向は判明していない。

このように相手方から出された人質を、養子にしたうえで、実家に戻すというやり方は、ほかには見当たらない。佐野城に送り込むことのできる、養子とするに適した人物が、ちょうど見当たらなかったので、人質を養子にするという特異な方法をとったのだろうか。ちょうどその直前に、謙信は上野桐生城(桐生市)に、養子とみられている一門衆の長尾源五(村上国清、のち山浦景国のことという推定がある)を城代として送っていて、国衆の桐生佐野家を管轄下においていた。長尾源五は、桐生領に普請役を課し、桐生佐野家にもそれを伝達する役割を担っていた(上越五三四)。そうすると国衆本拠に派遣し、国衆をも管轄下におくことができるのは、謙信の分身にあたる養子などの一門衆でないと果たせなかったことが考えられる。そのため謙信は、虎房丸を養子にすることで、佐野城の城代として据えて、佐野領と佐野家を管轄下におこうとしたのかもしれない。

ただ謙信は、それについて次のように述べている。「虎房丸は先年に人質として出されて、何度となく（昌綱が離叛して）捨て置かれていたが、輝虎は慈悲の感情で、処罰することはせず、とくに佐野家について何事についても以前の通りであると命じると、家中のすべてが帰服し、敵方への防備が整った」と（上越五七九）。これをみると謙信は、あえて人質の虎房丸を帰還させることで、佐野家の謙信への忠節を引き出そうとしたことがうかがわれる。

養子関係については、もう一つ事例がある。謙信は永禄七年（一五六四）六月頃に、長尾氏一族の長尾小四郎景直《かげなお》を、越中新川郡の国衆・椎名康胤《やすたね》の養子にしている（上越四一二～三）。長尾景直は、越後長尾氏一族の一つの栖吉《すよし》長尾景明《かげあき》の三男で、越後上杉氏一族の上条上杉家を継承した上杉景信《かげのぶ》の弟にあたる。その叔母、すなわち栖吉長尾豊前守房景《ふさかげ》の娘が、謙信の母であったから、景信・景直兄弟は、謙信にとって母方の従兄弟にあたっており、きわめて親しい一族であった。隣接する国衆の養子に選ばれたのはそのためであろう。

しかし椎名康胤は、永禄一一年七月頃に謙信から離叛した。謙信はその頃、能登畠山家の内乱への対応のため、椎名家と抗争関係にあった神保家との連携をすすめていた。椎名家にとってそれは許容できず、そのため謙信から離叛したと考えられている。謙信はその翌年から椎名家の領国の経略をすすめた。椎名康胤は謙信への抵抗を続けたが、ついに天正元年（一五七三）正月に降伏した（上越一一三六〜七）。景直は椎名家から離別したが、その時期は明確ではない。ただ元亀二年（一五七一）の時点で、景直は長尾名字を称し、越後での在国が確認される（上越一〇四五）。景直はその間に椎名家から離別して、越後に帰還し、一族衆に復帰していたことがわかる。

国衆との婚姻関係については、謙信に従属する国衆や越後の一門衆・譜代重臣についての個別研究があまりすすんでいないので、多くのことは認識できない。これまでに確認されているのは、今村那波顕宗が厩橋毛利北条高広（芳林）の娘と結婚していることぐらいにすぎない。ここでは譜代重臣との間に婚姻が結ばれている。しかしこうした事例が存在していることから、その他にも国衆との婚姻関係はあった可能性があろう。その場合には、一門衆や譜代重臣との間で、婚姻が結ばれたことであろう。ここからも謙信が、国衆を一門衆・譜代重臣とほぼ同列に位置付けていたことがうかがわれる。

国衆からの人質

最後に国衆からの人質徴収について取り上げたい。戦国大名は従属した国衆から、忠節を誓約することへの証しとして、人質を提出させた。謙信と国衆との場合もそのことが確認できる。謙信が本格的に関東侵攻を開始した際から、それはみられた。すなわち上野国衆については、箕輪長野家（上越二七七）、岩下斎藤越前守の子（上越九六一）、赤坂和田業繁の弟と安中重繁の子（のちの久繁か）・松井田諏方弥七郎（『戦国遺文武田氏編』二〇七四号）、先に触れた那波家、武蔵国衆については岩付太田氏資・成田家（上越二七七）、下野国衆では小山家（上越三三九）と先に触れた佐野家などで確認できる。

それらのうち、岩付太田氏資・成田家・箕輪長野家の人質は、下総古河城（古河市）におかれていた。同城には当初、前関白近衛前嗣《さきつぐ》・山内上杉憲政（当時は法名光哲）らが在城し、それら人質の管理に近衛前嗣があたっていた。それらはいずれも有力な国衆であったことからすると、名目的には、山内上杉憲政への人質であったのかもしれない。それ以外の人質は、謙信の本国の越後に送られていたようである。それらの場合は、明らかに謙信への人質であったとみることができる。またその他に、特定の人名は確認できないものの、早くも永禄四年（一五六一）に「越中の人質」が確認でき（上越二八〇）、越中国衆からも人質がとられていたことがわかる。

謙信が従属する国衆のすべてから人質をとっていたのかは確認できない。ただ人質をとることは、その国衆の従属を確かなものとする手段として有効なものと考えていたことがうかがわれる。元亀元年（一五七〇）二月、佐竹・宇都宮家らが謙信と距離をとるようになっていたなか、謙信は佐野領に進軍して、佐野家を屈服させようとした時に、宇都宮家に従い、佐野領に隣接して存在していた皆川俊宗から、人質をとりたいとの意向を示している（上越四八五）。これなどは、戦国大名が人質をとる意味をよく示しているといえよう。

けれどもこのことは、謙信にとって国衆とは、必ずしも全幅の信頼をおける存在ではなかったことを示してもいる。そこは一門衆や譜代重臣に対するものとは異なるものがあったようだ。永禄七年（一五六四）三月に、次のように述べている。謙信は武田方になっていた和田家の赤坂城（高崎市）を攻撃していたが、それを攻略できない事態について、「例式国衆油断の様に候つる」と、いつもながら国衆は怠っている様子だ、と述べている。そして箕輪長野家・横瀬家などの国衆が攻めかかったものの、一つの曲輪《くるわ》も攻略できていない、と嘆く。それに比べて、惣社長尾家・白井長尾家そして越後衆は、曲輪に登り詰めたという。また国衆は、佐竹・宇都宮をはじめとして合戦での成果がないままで、越後衆だけで合戦するのは難しい、と述べている（上越三九五）。

ここには思い通りの成果をあげてくれない国衆たちに対する、謙信の苛立ちにも似た感情が示されている。合戦での成果をあげてくれるのは、越後衆だけだ、といわんばかりであった。しかし国衆の立場にたってみれば、それはゆえなきことではない。国衆が戦国大名に従属するのは、あくまでも自らの領国と家臣団の維持のためであった。戦国大名による他地域での戦争で戦果をあげることではなかった。そのため自身の存立の維持に直接に関わらない、戦国大名の都合による戦争で、損害を度外視した合戦をするということは、そもそも考えられなかったに違いない。そこが戦国大名家に存立を決定的に委ねていた、一門衆や譜代重臣との大きな違いであった。

謙信と関東「大名」

本章での最後に、謙信と関東「大名」との関係がどのようなものであったのか、をみておくことにしよう。それら「大名」は、関東での政治的地位が高く、また領主的規模も大きかったため、他の国衆とは同列ではなかった。しかし政治的・軍事的には謙信が優位に位置していた。そのためその関係の在り方は、両者の力関係によって微妙な推移をみせている。

永禄四年（一五六一）における小田原・鎌倉参陣には、小山秀綱・宇都宮広綱、里見義堯・同義弘父子が参陣している。また佐竹義昭・小田氏治も参陣したとする史料がみられた。ただしその行為について謙信自身が「対顔」と表現しているので（上越三七五）、そこには一定の同格性をみることができる。同六年二月に、里見義堯（当時は法名正五）は謙信から武蔵岩付への参陣命令をうけて、下総臼井まで進軍している（上越三三五）。しかし武蔵までは進軍できなかった。三月に謙信は北条方に寝返っていた小山秀綱を降参させるが、その際に秀綱は、出家し、子を人質に出すという「降参の作法」をとっている。ただしここでの人質提出が、継続的なものであったかは不明である。

同年一二月に、里見義堯は再び岩付への参陣を命じられ、同七年一月に下総国府台《こうのだい》まで進軍するが、北条家との国府台合戦で敗戦している。それと同時期に、謙信は小田攻めをおこなっており、佐竹義昭・宇都宮広綱が参陣し謙信に同陣している（上越三八五など）。これは両者が謙信の軍事指揮下にあったことを示している。謙信は佐竹家が従属したと認識したのか、八月には佐竹家に武蔵・上野への自身出陣を要請している（上越四二八）。しかし佐竹家が他国に出陣してくることはなかった。

同九年の小田・下総攻めにおいては、結城晴朝・小山秀綱は当主自身が参陣してきたが、里見義弘・宇都宮広綱・佐竹義重（義昭の子）は家臣のみを派遣してきた。謙信はこの時期、自身の「分国」として、下野・安房を認識している（上越五一二）。小山家や里見家を軍事指揮下においていることによるのであろうか。それに対して常陸を含めていない。同国については、佐竹家の「分国」と認識していたことがうかがわれる。謙信は、関東「大名」では、この佐竹家のみ、同盟的関係と認識していたのかもしれない。

同一〇年に、その佐竹家に同陣を要求し、また家中からの証人を要求している（上越五四七)。これは佐竹家への政治的優位を確定しようとしてのことと考えられる。しかし佐竹家には受け容れられていない。同一二年には、結城晴朝と小山高朝・秀綱父子は謙信に対する行為を自ら「馳走」と表現している(上越六八三)。両家に対する謙信の優位性は、両家も認めるものとなっていたことがわかる。その一方で謙信は、佐竹家・宇都宮家に対しては同陣を要求している(上越八二二)。元亀元年(一五七〇)二月にも、あらためて佐竹家に同陣を要求し、また佐竹義重とその家中からの人質の提出を要求している(上越四八五)。しかしこの時も佐竹家からは応じられなかった。

同二年には、佐竹家と深刻な対立関係にあった小田氏治が従属してきており、その際に覚書を交換している(上越一〇六九)。同三年に謙信はそこで取次を務めた小田家臣の菅《すげの》谷《や》政貞《まささだ》に、佐竹勢力との境目において所領を与えたようである(上越五一五)。謙信は佐竹家とは天正元年(一五七三)に同盟関係を復活させると、すぐに佐竹家に同陣を要求し(上越一一七八)、同二年にも佐竹家に同陣を要求している。それに対して佐竹家からは、血判起請文の交換を求められ、謙信はこれを了承し、佐竹家に家臣の出頭を要求している(上越一二三四・一二三六など)。しかし結局、佐竹家からは家臣は派遣されてこなかった。またこの時、謙信は小山家の本拠に出陣しており、その際には小山秀綱の参陣がみられた。

佐竹家との同盟は、同年閏一一月に途絶えるが、同三年八月に復活をみている。その際に覚書を交換していることが確認される（上越一二六五）。しかしこれは、血判起請文の交換にはいたらなかったことを示してもいる。こうしてみると佐竹家に対しては、容易に政治的優位を確立できなかったことがうかがわれる。謙信は佐竹家に執拗《しつよう》に同陣を要求したが、これは関東での軍事行動について、謙信の独断によるのではなく、関東勢力との協同によることを示したいがためであった（上越一二三四など）。謙信としては、あくまでも関東の味方勢力への支援のためであった。しかしその思いは、佐竹家など当の関東勢力にはなかなか届かなかった。

第五章　上野の横瀬・由良家

新田領の横瀬・由良家

ここからは国衆そのものに視点を据えて、戦国時代を通してどのように存在していたのか、具体的な状況をみていくことにしたい。戦国時代を通じて国衆として存在したものは数多くあるが、政治動向や領国支配の状況について把握することができるものは、それほど多くは存在していない。それは発給文書や受給文書などの関係史料の多寡に大きくよっている。そうしたなか、関東の国衆のなかで、もっとも多くの関係史料を残しているのが、上野新田領の横瀬・由良家であろう。発給文書は五五通、受給文書は一六五通の多さである。これは関東国衆では群を抜いた数量である。そのためここで、この横瀬・由良家について取り上げて、国衆が、戦国時代においてどのような存在であったのか、具体的にみていくことにしたい。

最初に、横瀬・由良家の概略を紹介しておきたい。ここで横瀬・由良家と表記しているのは、戦国時代の途中で名字を改称していることによる。本来は横瀬氏を称していたが、永禄七年(一五六四)・八年頃に、将軍足利義輝の承認をうけて由良氏に改称している。その意味については、のちにあらためて触れる。国衆となる横瀬家は、岩松礼部家の岩松家純の家宰を務めた横瀬良順に始まる。第二章で触れたが、享徳の乱当初、岩松家には、古河公方足利成氏に従う岩松京兆家・持国と、幕府・上杉方に従う岩松礼部家・家純の両家があった。岩松家純は、それ以前、在京して幕府将軍家に出仕していたが、関東戦乱の展開にともない、関東での復帰を図って、下向していた。横瀬良順はその家純の家宰として、同道してきたものであった。

岩松家純は、文明元年（一四六九）までに、京兆家・成兼を滅ぼして、両岩松家を統合し、新田領一円を領国とする国衆として確立した。横瀬良順はそれより以前、康正《こうしよう》元年（一四五五）一二月に武蔵須賀合戦で戦死しており、家督は嫡男国繁（初代国繁）が継いでいた。国繁は家純から「代官」に任じられ、引き続いて家宰を務めた。享徳の乱終息後に、国繁は家純の家督について、足利成氏に働きかけて、勘当されていた嫡男明純の子尚純《なおずみ》を呼び戻して継承させることを実現した。長享二年（一四八八）に国繁は死去し、家督は嫡男成繁（初代成繁）が継いだ。

明応三年（一四九四）に家純が死去すると、翌同四年に主家の岩松尚純は、成繁排除を図ってクーデターを起こした。成繁はそれをかろうじて克服した。そして岩松家当主について、尚純を追放し、その嫡男昌純《まさずみ》を擁立し、傀儡《かいらい》化した。以後は岩松氏一族・家臣を実質的に統制下において、横瀬家が新田領の国衆として存在するのである。横瀬家は、岩松家への下剋上によって、新田領の国衆として確立をみせたのであった。成繁ののち、その家督は、景繁《かげしげ》、泰繁《やすしげ》、成繁（二代成繁）、国繁（二代国繁）と、代々嫡男によって継承された。以後においても主家として岩松家を擁立し続けたが、その一方で、家格の上昇をすすめて、岩松家と同列の地位をも確立するのであるが、その内容については後で取り上げる。

その領国は、家純の段階に形成された新田領を中心にした。新田領北部については、赤堀・善・山上各家の帰属をめぐって、桐生佐野家や厩橋長野家と抗争があった。領国は西庄東部にもおよんだが、そこでは那波家と抗争関係にあった。南部の利根川対岸をめぐっては、武蔵深谷上杉家・忍成田家と抗争関係にあった。そして西部の邑楽御厨をめぐっては、館林赤井家配下の小泉富岡家と抗争関係にあった。新田領は、周囲のそれら国衆との抗争を通じて、形成されたことが認識できる。

横瀬家を取り巻く政治情勢が大きく転換するのは、天文二一年（一五五二）に相模北条家が山内上杉家を没落させ、その領国を併合したことにともなう。以後は大規模な戦国大名同士の抗争が展開され、横瀬家はいずれに従属するか選択し続けるものとなる。同時にそれら大名同士の抗争のなかで、新たな領国を獲得し、領国の拡大をみせている。上杉謙信から那波郡・西庄西部を与えられ、また独力で桐生領を併合した。そうして最終的には、新田領・西庄東部・桐生領南部にわたる領国を形成した。その領国の規模は、東上野南東部のほとんどを占めた、大規模なものであった。

戦国大名との関係では、当初は山内上杉家に従属していたが、同家の没落後は、北条家→上杉謙信→北条家→上杉謙信→北条家に従属する立場をとった。二度目の謙信への従属は、北条家と謙信の同盟（越相同盟）にともなうものであったが、そのなかで謙信から離叛した経緯のある成繁は当主から退き、嫡男国繁が家督を継いでいる。天正一〇年（一五八二）に織田政権が関東に進出し、上野がその領国に編成されたことで、織田政権に従属するが、北条家が上野に再進出をすると、再び北条家に従属した。以後は北条家が滅亡する同一八年の小田原合戦まで、その従属下にあった。なおそのなかで、本拠の金山城は北条家に没収されるということがあり、その後は桐生城を本拠にした。

小田原合戦では、当主国繁は小田原城に籠城し、本拠の桐生城では成繁後室で国繁生母の妙印尼《みょういんに》（館林赤井重秀の娘）が国繁嫡男の貞繁《さだしげ》とともに籠城した。羽柴（豊臣）政権軍の侵攻をうけ、妙印尼の判断により降伏した。領国は羽柴政権に没収され、国繁は、新田領・桐生領の国衆としての立場を失った。しかし妙印尼は、羽柴秀吉から常陸牛久領五〇〇〇石を堪忍領として与えられ、すぐにそれは国繁に継承された。これにより国繁は、その後は羽柴政権の直臣として、牛久領五〇〇〇石を独自に支配する「小名」の立場になっている。

以下では、横瀬・由良家の国衆としての性格や動向において、重要な事柄について取り上げるものとしたい。

岩松家への下剋上

横瀬・由良家が、自立した国衆として成立するのは、主家岩松家への下剋上によるものであった。そもそもは明応四年（一四九五）四月に、主家の岩松尚純が、横瀬成繁の排除を企てて、金山城乗っ取りのクーデターを起こしたことにあった。尚純は、妻の実家の下野佐野家や、古河公方足利家・山内上杉家に支援を要請し、佐野家や山内上杉家重臣の足利長尾家の援軍を得ている。尚純が本気で成繁を排斥しようとしたことがわかる。家政をめぐる主導権の争いによろう。この時期、多くの武家で当主と家宰の相剋がみられた。この場合もその一つである。

成繁はそれに対抗し、金山城の維持を果たすとともに、古河公方足利政氏《まさうじ》（成氏の子）と山内上杉顕定に計略を廻らして、事態の解決を図った。その結果、同年一二月に、足利政氏から、尚純を佐野に隠居させ、その子で同年生まれの夜叉王丸《やしやおうまる》（昌純）を新たな当主とし、それを横瀬家が補佐することを承認され、事態を解決した。これにより主家の岩松家は、横瀬家の傀儡と化し、新田領の支配と、岩松家一族や岩松家家臣らへの統制は、横瀬家が担うことになり、横瀬家は実質的に、新田領の国衆としての立場を成立させた。

成繁は文亀元年（一五〇一）に夜叉王丸を元服させ、新田昌純と名乗らせた。岩松家は前代の尚純が足利成氏のもとに出仕し、岩松家家督を継いだ際に、新田氏惣領家の地位を認められて、新田名字を名乗るようになっていた。成繁はその後すぐに死去し、嫡男景繁が家督を継いだ。永正元年（一五〇四）に、山内上杉家からの軍事動員に応じて、以後はそれに従属する国衆となった。しかしその立場は、あくまでも岩松家の代官としてのもので、関東政界において新田領の国衆は、名目的には岩松家と認識されていた。

景繁は同一七年に死去し、家督は嫡男泰繁が継いだ。泰繁は、享禄年間（一五二八～三二）に、岩松昌純を殺害し、その弟氏純を新たな当主に擁立した。この時期、古河公方足利家・山内上杉家ともに内乱（私はこれを関東享禄の内乱と称している）があったので、それに連動してのものであった可能性を想定できる。岩松家は、名目的に主君として存在したがゆえに、何かあれば容易に復権が可能であったことがわかる。

そうしたなかですすめられたのが、横瀬家の家格の上昇であった。泰繁は天文四年（一五三五）に、室町幕府将軍足利義晴《よしはる》に申請して、岩松氏純に歴代官途の治部大輔を獲得するとともに、自身も将軍から直接に将軍家御供衆《おともしゅう》に準じる栄典を獲得した。これは横瀬家が、名目的には将軍家直臣の家格を獲得したことを意味している。岩松家の官途は、尚純の時は古河公方足利成氏から与えられていたが、ここでは将軍家から獲得している。これは主家の家格の上昇を意味しようが、それを画策したのは泰繁と考えられる。そして泰繁自身も、それに乗じて将軍家直臣の地位を獲得したのであった。

泰繁は同一四年に死去し、家督は嫡男成繁が継いだ。その成繁は、永禄七年(一五六四)・八年頃に、将軍足利義輝(義晴の子)から将軍家御供衆に列せられて、明確に将軍家直臣としての地位を確立した。しかもそれにともなって名字を由良氏に改称した。横瀬家はそれまで小野姓横瀬氏を称していたが、以後は源姓由良氏を称するものとなった。これにより足利氏御一家を構成する新田氏一族としての地位を成立させている。

そのことは関東政界にも反映され、由良家は独自に古河公方足利家の御一家に列せられている。ここに主家の岩松家とは、ともに将軍家・古河公方足利家の直臣、同時にその御一家として存在するものとなった。もっとも、主家の岩松家は新田氏惣領家の地位にあり、御一家における家格も最高位に位置していて、由良家の家格はそれよりも一段低く設定された。しかしそれでも、それまでは「国人」身分にすぎず、かつ将軍家・古河公方足利家にとって陪臣の立場にすぎなかったのに対し、それらの直臣にしてかつ御一家の一員に加えられるものとなった。

そうして岩松家の家宰あるいは「代官」という立場から完全に脱して、新田領などを独自の領国とし、それへの支配も独自のものとする立場を、確立したとみなされる。そしてその立場は、関東政界においても承認され、ここに由良家は領国支配の正当性を確立させるのであった。岩松家当主は、この時期、金山城麓の呑嶺《どんれい》に居住したため「呑嶺御屋形」と称されて、丁重に扱われていたが、その存立は由良家に決定的に依存するものとなり、もはや政治的に何らの影響力も持ち合わせなくなっていた。対して由良家は、「実城《みじょう》」と称されて、実質的な領国支配者として存在した。同時に、それ以前は名目的には自己よりも上位に位置付けていた岩松家一族に対しても、横瀬家一族と同列に位置付けるものとなっている。その際には、自身の叔父（泉基繁）・弟（鳥山繁雄）など近親に、それら岩松家一族を継承させるなどして、それらとの一体化をすすめている。

こうして横瀬・由良家は、主家の岩松家に対する軍事的勝利を出発点にして、その政治的傀儡化を維持した。さらには自己の家格を上昇させて、将軍家・古河公方足利家の直臣として、主家と同列化することで、領国の支配者としての立場を、名実ともに確立させたのであった。

足利・館林長尾家との連携

横瀬・由良家が国衆として政治動向を展開していくうえで、重要な要素をなしたものに、隣国の下野足利（のち上野館林）長尾家との、長期にわたる連携関係があった。両家の連携関係は、永正九年（一五一二）に始まっている。前年から山内上杉家では内乱が起きていて、当主顕実《あきざね》（顕定養子、足利政氏の子）に対して一族の憲房《のりふさ》（顕定前代房顕《ふさあき》の甥、憲政の父）が対抗した。そしてこの内乱は、古河公方足利家の内乱（永正の乱）とも連動し、顕

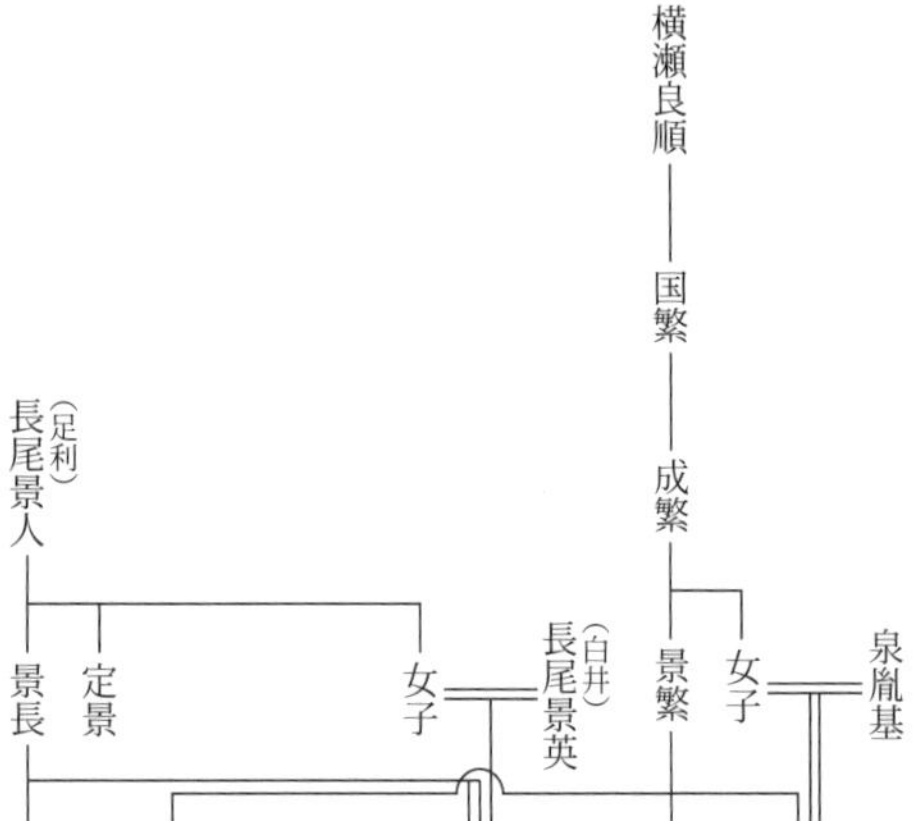

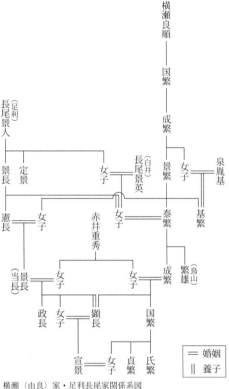

横瀬（由良）家・足利長尾家関係系図

実は政氏と、憲房は高基《たかもと》（政氏の子、顕実の兄）と連携した。この時に憲房を支え、その家宰を務めるのが足利長尾景長（初代景長）であった。横瀬家の当主は景繁で、景長に同調して、憲房に味方した。山内上杉家の内乱は、この年に、顕実が横瀬家の新田領などを攻撃しようとしていた隙に、憲房方が顕実の本拠の武蔵鉢形城（寄居町）を攻略したことで、顕実は敗北して没落、憲房が山内上杉家当主となっている。

横瀬家と足利長尾家は、その後、景繁の娘が長尾景長の嫡男憲長の妻になるという婚姻関係を形成している。憲長は文亀三年（一五〇三）生まれであったから、婚姻は永正一〇年代後半頃のことと推測できる。また景繁の嫡男泰繁は、足利長尾家と同じく山内上杉家重臣であった白井長尾景英の娘と結婚している。長尾景英の妻は、長尾景長の姉妹であったので、泰繁妻がその所生であれば、泰繁は景長の姪を妻にしたことになる。なおその後、彼女は、天文一四年（一五四五）の泰繁の死後は、横瀬家には留まらず、長尾憲長の養妹となって赤石那波宗俊に再縁して、その嫡男顕宗を産んでいる。

泰繁の家督は、嫡男の成繁が継ぐが、泰繁妻が横瀬家を去っていることをみると、成繁はその所生ではなかった可能性が高い。成繁は系図史料による没年齢記載から、永正三年（一五〇六）生まれと伝えられている。それに従えば、父泰繁死去時は三九歳であったことになる。ただ成繁はまだ官途名雅楽助《うたのすけ》を称していて、歴代の受領名信濃守を称するのは、それからかなり後の永禄九年（一五六六）のことになる。この時期の関東武家では、おおよそ二〇歳代に官途名、三〇歳代に受領名を称す風習が認められるので、そのことをあてはめると、成繁の生年の所伝は少なくとも一〇年ほどは相違していると思わざるをえない。あるいは成繁の生年は、実際には永正一〇年代であったかもしれない。

横瀬・由良家と足利長尾家は、成繁の代になっても良好な関係を維持したとみられ、天文二一年（一五五二）の山内上杉家没落の際にも、両家は並んで表記されるなど、同一の政治行動をとっていた。それは永禄三年（一五六〇）に、上杉謙信が関東に侵攻して以降も継続された。そして永禄七年頃に、成繁の次男熊寿丸《くまじゅまる》（顕長）は、長尾景長（二代景長、憲長の子）の婿養子に入っている。成繁の妻は、館林赤井重秀の娘で、それとの間に、天文一九年に嫡男国繁が生まれていた。熊寿丸はその次男で、生年は不明だが、永禄八年頃に元服しているので、およそ天文二〇年頃の生まれと推測される。兄との年齢差を考慮すれば、天文二一年生まれ、永禄九年の元服の可能性が想定できる。

長尾憲長は天文一九年に死去し、その家督は次男ながら嫡男になっていた当長（のち景長）が継いだ。当長は大永七年（一五二七）生まれで、天文一七年（一五四八）には憲長の嫡男の立場にあった。横瀬・由良家と足利長尾家の関係をみると、成繁と当長の世代については婚姻関係などは確認できないが、当長の妻は赤井家の娘とする所伝がある（久保田順一『新田一族の戦国史』）。その場合には、成繁と当長は赤井家娘を介した相婿《あいむこ》の関係にあったことが想定される。当長は弘治二年（一五五六）には北条家に従属し、永禄三年には嫡男政長に家督が譲られている。政長はまだ元服直後頃の年齢にすぎないと推測されるが、実名は北条家当主氏政から偏諱をうけたものと推定されるので、北条家への従属維持のために、家督を交替したのであろう。

しかし謙信への従属にともなって、当長は当主に復帰し、謙信から偏諱を得て景長に改名した。永禄五年（一五六二）には館林領を与えられ、館林城に本拠を移した。これにより同家は、館林領・足利領を領国とする有力国衆になる。嫡男政長は永禄六年を最後にみられなくなるので、おそらく早世したのであろう。景長には他に男子がなかったらしく、そのため成繁の次男熊寿丸を娘の婿養子に迎えたのであった。家督継承者の不在にあって、婿養子を由良家から迎えているところに、両家の一体的な関係とそれを維持しようとする観念がみられる。そして熊寿丸は、同九年頃に元服し、謙信から偏諱を与えられて顕長を名乗った。

永禄九年九月に成繁は謙信から離叛して北条家に従属した。長尾景長も同年一二月までのうちに、同様に北条家に従属している。同一二年に越相同盟が成立すると、両家はともに謙信に従属することになった。同年に景長が死去すると、家督は養嗣子の顕長が継いだ。

これによって館林長尾家は、由良家の実子が相続するものとなった。ただし館林領については謙信に没収されてしまい、顕長は足利領に後退する。しかし元亀二年（一五七一）に越相同盟が崩壊すると、由良・長尾両家は北条家に従属する立場をとり、顕長は館林領を独力で回復する。さらに成繁は、天正元年（一五七三）に桐生領を独力で経略する。

これらにより由良家は、那波郡・西庄・新田領・桐生領を領国とし、長尾家は館林領・足利領を領国とした。由良家でも越相同盟のなかで成繁から国繁に家督が交替されていて、両家は国繁・顕長兄弟がそれぞれの当主となって、まさに一体的な関係を形成した。そしてその関係は、小田原合戦で滅亡するまで継続された。由良・長尾両家の領国は、その間に富岡家の小泉領を挟んだものの、東上野から下野西部にわたる一帯に展開された。それはあたかも関東平野の中央部に広がる、一大領国といって差し支えない。

由良家は、北条家と上杉家との抗争において、さらにその後の甲斐武田家や常陸佐竹家の上野侵攻、あるいは織田政権の上野進出のいずれにおいても、有力国衆として重要な動向をみせていく。その根底には、自己の国衆としては大規模な領国だけでなく、親子兄弟関係にあった館林長尾家とその領国の存在もあった、とみなされる。そして両家の関係は、国繁・顕長兄弟の代においても、国繁の娘が顕長の嫡男宣景《のぶかげ》の妻になるという具合に、婚姻関係が重ねられて、両家の一体的関係の維持が努められていた。

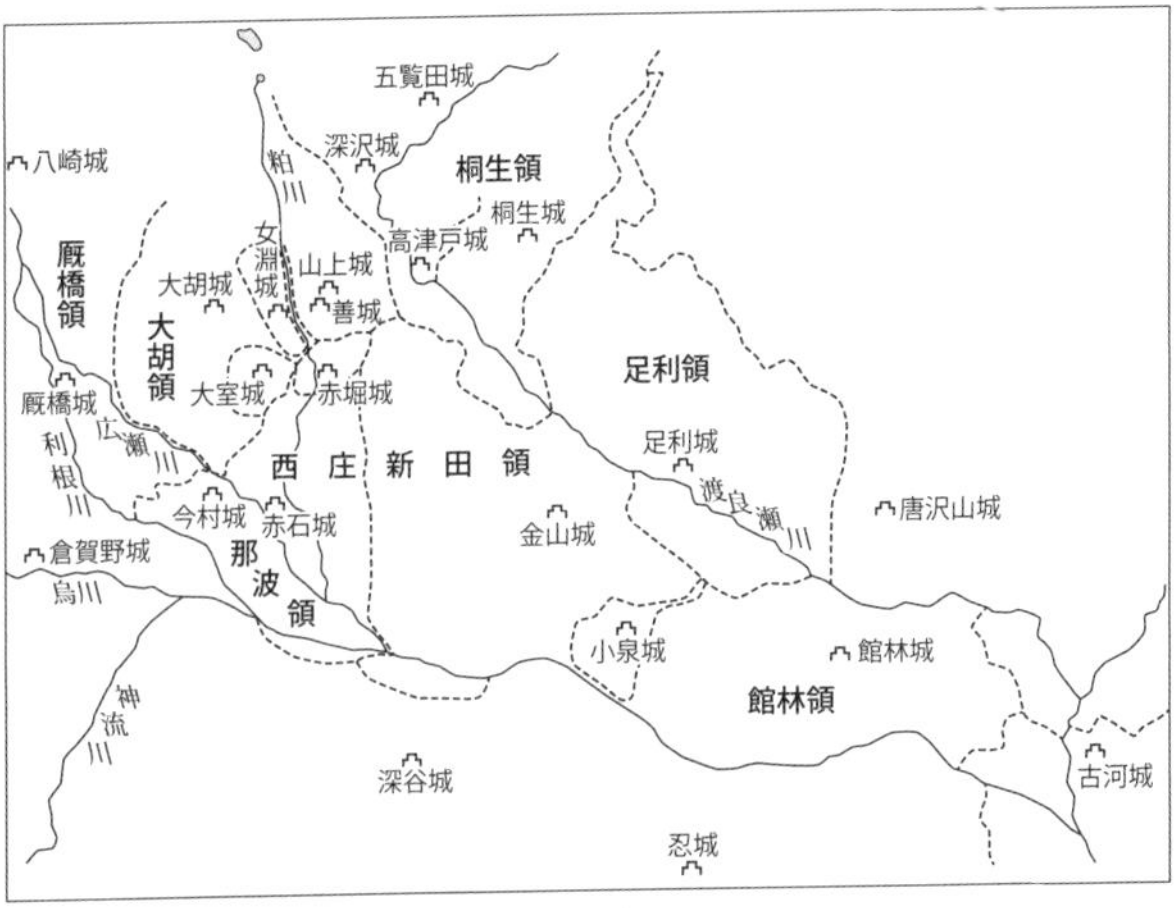

東上野国衆領国図（拙著『北条氏政』より）

越相同盟での働き

横瀬成繁は、天文二一年（一五五二）に山内上杉家が北条家によって没落した後も、山内上杉方として存在し、北条家に抵抗したが、弘治元年（一五五五）には北条家に従属した。永禄三年（一五六〇）に上杉謙信が山内上杉憲政を擁して関東に侵攻してくると、謙信に従属した。謙信からは、「年来不知行の旧領」の領有を認められ、さらに謙信が滅ぼした那波家の領国の那波郡・西庄西部を与えられた。成繁は謙信が侵攻してくると、いちはやくそれに応じたとみられ、謙信からその功績を認められたためであろう。

永禄八年に、成繁は娘を忍成田氏長と結

婚させたという。彼女は天文一四年生まれ、この時は二一歳と伝えられる。ちょうど成田家は、北条家から攻撃をうけていて、成繁はそれを支援しているから、この婚姻は事実の可能性が高い（拙稿「戦国期成田氏の系譜と動向」拙編『武蔵成田氏』）。ちなみに両者の間には、元亀三年（一五七二）に長女於甲斐《おかい》が産まれたとされる。この於甲斐は、小田原合戦における忍城の籠城戦で活躍が伝えられる人物になる。

永禄九年九月、成繁は謙信から離叛して北条家に従属した。その際に、成繁・国繁父子に対し、北条氏康・氏政父子から出された、進退を保証する旨の起請文が残されている。そこでの取次は、氏康五男の氏邦が務めた。以後における成繁・国繁に対する北条家からの取次は、その氏邦によって務められた。成繁離叛の影響は大きく、隣接する小泉富岡家・館林長尾家も相次いで北条方に属した。さらに謙信の譜代重臣であった厩橋毛利北条家も北条方に属した。成繁の動向が、周囲の国衆の動向に大きな影響を与えたことがわかる。さらには謙信と常陸佐竹家の関係は、毛利北条家によって取り次がれていたため、謙信と佐竹家は交信すらできなくなり（上越五二九など）、戦国大名の外交にも影響がおよんでいた。

ところが同一一年一二月、北条家は謙信との同盟を図り外交政策を大転換した。しかし両者はそれまで敵対しかしてこなかったので、取次者は存在しなかった。そこで北条家が、謙信への外交ルートとして起用したのが、由良家であった。北条氏康・氏政は、氏邦を通じて、謙信への同盟打診を成繁に依頼した。成繁はそれをうけて、上杉方に接触を図った。最初は上杉方に「佞人《ねいじん》（妨害する人）」がいて、接触できなかった。しかし氏康・氏政から再度の指令が出されたので、再び接触を図り、今度は上杉方の沼田在城衆への接触に成功した。そうして北条家の意向は謙信に届けられ、両者の外交交渉が開始した（拙著『戦国関東覇権史』）。

北条家と謙信の同盟（越相同盟）における通信は、すべて由良家を仲介するものとされ、それは「由良手筋」と称された。いわば「由良ルート」である（岩沢愿彦「越相一和について」拙編『北条氏政』所収）。同盟が成立するまで、両者の条件交渉がおこなわれるが、両家の直臣同士の会談は、由良家の本拠・金山城でおこなわれた。これは由良家が「第三国」として存在し、いわば国交未成立の両者の仲介にあたっていたことを示している（遠藤ゆり子「越相同盟にみる平和の創造と維持」藤木久志・黒田基樹編『定本・北条氏康』）。永禄一二年（一五六九）、両家の同盟交渉は、由良家の仲介により無事に成立をみる。それにともない上野は謙信の管轄とされ、由良家も謙信に従うことが取り決められた。

ただその一方で、由良家は北条家と密約を交わしている。成繁・国繁父子は北条氏政に「運命を共にする」と誓約した起請文を出し、氏政からそれに応えて「上野一国」の支配を認められている（拙著『関東戦国史』）。成繁・国繁父子は、謙信に従うことが決められても、将来において北条家に従うことを表明していたのである。翌元亀元年（一五七〇）から、北条家と謙信の同盟は正式に発足し、上野国衆はあらためて謙信に従うものとなった。その際に由良家では、かつて謙信から離叛した経緯を持つ成繁は当主から退くことになり、嫡男国繁が当主になっている。

ところが越相同盟は、同二年一〇月の北条氏康の死去を契機に、北条家から破棄された。しかしそのことについて、由良家に事前の連絡はなかった。由良家がそれを知ったのは、年末に、上杉方への戦略について指示をうけたことによった。同盟中は外交ルートの中核を担っていたにもかかわらず、破棄という外交方針の転換に際しては、事前の相談もなかった。これには成繁・国繁父子も大いに心外であったようで、そのことを知ると直ちに北条氏政に抗議している。氏政からは年が明けてから弁明をうけたが、その内容は言い繕いにすぎなかった。そのうえで「由良家については心底から疎略に思っていないので、恨みに思われては困る」「納得できず氏政に敵対したとしても、私の力不足だ」「でも年来親しくしてきたのだから、これからも相談してもらえれば幸いだ」と述べられている（戦北一五七二）。

氏政としても、由良家を蚊帳の外においての外交方針の転換に、後ろめたさがあったに違いない。いろいろと弁明の言葉を述べている。とくに敵対されたとしても、その責任は自身にあることを明示しているところが注目される。これは同盟の仲介を果たした由良家のメンツを潰すに等しく、その報復のため離叛されても仕方のない事態であったことを、十分に認識していたことを示している。そうした弁明をしなければならなかったところに、国衆の政治的自立性を認識できる。そして氏政は、そのうえで離叛するか、これからも従属を続けるかの判断を、由良家に投げかけている。従属を継続するかどうかの判断は、国衆の側にあったのだった。

結局この件に関して、成繁・国繁父子は、北条家への従属を継続することを選択した。それによりその年の二月に、氏政と国繁はあらためて血判起請文の交換をおこなって、従属関係を確認している。しかしこれらのことは、戦国大名への従属関係を維持するかどうかは、あくまでも国衆の側に主導権があったことを、端的に示しているであろう。

北条家への叛乱と屈服

天正六年（一五七八）に上杉謙信が死去すると、上杉家では越後御館《おたて》の乱という内乱が展開した。そのなかで由良家は、それ以前に謙信によって経略されていた新田領北部・桐生領北部の回復をすすめたが、そこで北条家に従った上杉方武将との間で、領有問題が生じている。それにあたって氏政は、由良家に便宜して、それらへの領有を認め、上杉方武将に対しては、調査して解決する旨を述べるだけであった。もちろんそれらの所領が由良家の旧領であったことからすると、由良家に正当性を認めたものであろう。ただかつての越相同盟崩壊後の経緯から、由良家に配慮し、その要求をできるだけ汲み入れたとみることもできる。

御館の乱への対応のなかで、北条家は武田家と対戦することになり、武田家はそれにあたって常陸佐竹家らと盟約した。武田家は厩橋毛利北条家・那波家らを服属させ、新田領北部の経略をすすめた。佐竹家らは下野国衆の経略をすすめた。そうして上野・下野で北条方の立場を維持したのは、由良家・館林長尾家・富岡家のみという状態になった。天正八年からは、両勢力によって新田領などの領国への侵攻をうけるものとなった。ここに由良家・館林長尾家らは、武田家・佐竹家らに対する最前線に位置することになった。

天正七年一一月頃には、由良家・館林長尾家は、佐竹家に内々に言い寄っている、と取り沙汰されている。両家が佐竹方に靡《なび》くのも、時間の問題と認識されたようであり、両家は北条家からの軍事動員に応じなくなった。これに北条氏政は強い危機感を持ち、両家への「指南」を務める氏邦に、両家が敵対すれば、「このままでは当家はついには滅亡してしまう」とまで述べている。さらに「氏政に最後まで従う存在ではなかった、後悔することになる」とまで述べ、あらためて両家への働きかけの尽力を指示している（戦北二一四一）。いずれに従うのが適切か、由良家・館林長尾家ではその判断に迷ったことであろう。結局この時も、両家は北条家への従属を維持し、武田家や佐竹家に応じなかった。北条方に留まるほうが得策と判断したのであろう。

天正一〇年に織田政権が武田家を滅ぼし、上野はその領国であったとして、織田政権の領国下におかれた。由良家らも織田政権に従属したが、北条家との繋がりは維持した。やがて北条家が織田政権に敵対すると、由良家・館林長尾家は、すぐに北条家に従属する姿勢を明らかにした。このことは北条家が神流川《かんながわ》合戦で織田軍に勝利するにおいて、大きな前提をなしたことであろう。由良家・館林長尾家は、永禄九年（一五六六）に北条家に従属して以来、なんだかんだとありつつも、基本的には北条家に従属する立場を選択し、継続していた。

しかしその後に、その状況に大きな変化が生じた。天正一一年（一五八三）一〇月に、由良家・館林長尾家は北条家に敵対するのである。そのきっかけは双方での行き違いによるものだった。由良国繁・館林長尾顕長兄弟は、北条家五代当主氏直による上野厩橋城攻略をうけて、氏直の本陣に出仕した。そこで氏直から、下野侵攻のため両者の本拠の借用を申し入れられた。それを本拠没収と早とちりした家臣が金山城に帰還し、国繁・顕長の母妙印尼を中心に、開城拒否、北条家への敵対を選択し、北条家に叛乱した。それをうけて国繁・顕長は北条家に拘束され、小田原に軟禁された。当主不在となったものの、由良家らは佐野家や佐竹家らと結び、北条方との抗争を展開した。北条家にとっては、下野への侵攻を本格化させようとしていただけに、大いに目算が狂うものとなった。

しかし両家だけで周囲の北条方との抗争をすすめるのは難しかった。そうしたなか、翌同一二年になると、佐竹家と羽柴秀吉の連携を踏まえて、妙印尼は秀吉に支援を求めた。この時、織田政権の主導権をめぐって羽柴秀吉と徳川家康の小牧・長久手合戦がおこなわれていた。他方で、北条氏直は家康と同盟関係にあった。そこで妙印尼は、佐野家・佐竹家らを通じて秀吉に支援を要請する一方で、下野皆川広照を通じて徳川家康に、北条家への軍事行動中止の働きかけを要請した。皆川家を通じているのは、それが国繁妻の実家だったからとみられる。

国繁の妻は、皆川広照の姉妹で、下総結城晴朝の養女になって国繁と結婚していた。両者の間には、天正二年に次男で嫡男になっていた貞繁が生まれている。ただし国繁には、最初の嫡男として氏繁があり、永禄一〇年（一五六七）の生まれで、天正一〇年に一六歳で死去していた。それをうけて貞繁が嫡男になったと考えられる。両者が同母であったのかどうかは判明しないが、仮に母が別人とした場合、氏繁の生前に国繁が結城晴朝養女を新たに妻に迎えるということは考えがたいので、同母の可能性が高いであろう。そうすると国繁と結城晴朝養女の結婚は、由良家・皆川家がともに上杉方から北条方に転じた永禄九年のことと想定できるように思う。

いずれにしても妙印尼は、羽柴秀吉と徳川家康の両者に接触し、事態の穏便な解決を図っていたことがうかがわれる。秀吉からは、直接に支援をうけることができず、成り行きに任せるよう述べられたにすぎなかった（拙著『戦国「おんな家長」の群像』）。そして天正一二年一二月に、北条氏政の判断により小田原在所の国繁・顕長との和睦がすすめられ、そのうえで北条軍は新田領・館林領に進軍した。そして国繁・顕長はそれぞれ本拠の金山城・館林城に帰還したうえで、両城を開城して北条家に降伏し、あらためて北条家に従属した（拙著『小田原合戦と北条氏』『北条氏政』）。

ただ従属を認められたとはいえ、叛乱の末の降伏という事態は重く、それへの処罰をうけることになった。本拠の金山城・館林城を没収され、以後において両城は北条家の直接管轄下におかれた。さらに領国から城付領一〇〇〇貫文が没収された。そして国繁は桐生城に、顕長は足利城に後退し、それぞれを本拠にするのであった。また北条家に敵対していたなか、桐生領の深沢阿久沢家が離叛して、北条家に従属していた。そのため阿久沢家は、北条家に直属する存在とされ、その所領は由良家の統制から分離された。

由良家の叛乱はもう一度おこなわれた。天正一六年（一五八八）八月に、長尾顕長が北条家に叛乱を起こし、国繁はそれに同調した。叛乱の主体は顕長にあったらしく、顕長はそれ以前に佐野宗綱を戦死させる戦功をあげたにもかかわらず、佐野領を与えられなかったため、北条家への不満を募らせ、北条家からの軍事動員に応じなかったことで、敵対と認識され、自衛のため籠城の支度をしたことで、叛乱にいたったのであった。国繁はこれに同調し、ここに兄弟ともに二度目の北条家への叛乱となった。

国繁・顕長は、すでに羽柴秀吉に従属していた越後上杉景勝（謙信の養子）に支援を求めた。しかしこの時、羽柴政権は北条家を従属させることに取り組んでため、上杉景勝は取次を通じて、羽柴政権に、北条家による国繁・顕長攻撃の中止の働きかけをすすめた。景勝はすでに秀吉の従属下にあり、「惣無事令」によって勝手に他国に軍事行動することはできなかったため、政権に働きかけたのであった。しかし結局、景勝から秀吉にそのことを直接要請することはなかったらしく、攻撃中止は実現しなかった。そうして翌同一七年二月に、国繁は北条家に降伏し、三月に顕長も降伏した。その時に国繁については、本拠の桐生城は破却され、妻とともに小田原に居住することになった。顕長は足利城を北条家に明け渡したが、以後の在城を認められた。

ここで国繁は、本拠の破却、妻とともに小田原居住の処分をうけるものとなった。小田原居住ということは、本拠に在城できなくなったことを意味し、領国統治や軍事行動において大きく制約されるものになる。それは国衆としての自立性への大きな制約といえる。しかしそれでも、領国を没収されるなどのことはなく、国衆としての領国支配の独立性は維持された。かつてその政治勢力の大きさから、戦国大名からその存在を尊重されていた由良家であったが、二度におよぶ叛乱と抗戦の末の降伏により、その政治的影響力を弱めるものとなった。

小田原合戦による国衆としての終焉

天正一八年（一五九〇）の小田原合戦により、戦国大名北条家は滅亡し、それに従っていた国衆たちも、基本的には同様に滅亡した。由良家も新田領・桐生領の領国を、羽柴政権により没収され、国衆としては滅亡した。合戦において、当主国繁は北条家の本拠・小田原城に籠城した。基本的にすべての国衆について、当主は小田原城籠城とされていた。本拠には留守衆を残すのみで、その軍勢はどの国衆も少数にすぎなかった。由良家では、嫡男貞繁が桐生城に在城して留守を守った。しかしまだ一七歳の年少であったから、かつて北条家と敵対した際に城兵を指揮した、国繁母の妙印尼が、ここでも実質的な指揮にあたったことであろう。

羽柴軍による上野への侵攻は、四月から本格化され、北条方の諸城は相次いで攻略された。同月中には長尾顕長の本拠・足利城が羽柴方に明け渡されているので、桐生城も同じ頃に羽柴方に降伏し、城を明け渡したと考えられるが、明確に桐生城の引き渡しが確認されるのは、六月二日のことになる。その際、羽柴方と政治交渉したのは妙印尼であった。羽柴方の上野侵攻の総大将は前田利家で、妙印尼はそれに、由良家・館林長尾家の進退の保証を要請した。前田利家からは、羽柴秀吉に働きかけることを約束されている。

しかし妙印尼の願いは叶わなかった。北条家が秀吉に降伏したのは七月であったが、それまでに北条家とその国衆の領国は徳川家康に与えることが決められていた。由良家・館林長尾家の領国もそれに含められていた。秀吉は七月下旬に、下野宇都宮城に在城した際に、関東での所領配分を正式に決定した。その際に妙印尼は、嫡孫貞繁をともなって秀吉に出仕したことが伝えられている。けれども由良家の領国は徳川家に引き渡され、ここに国衆としての由良家は滅亡するものとなった。

ただし妙印尼については、かつて天正一二年に由良家が北条家に叛乱していた際に、秀吉に通信したことがあり、「秀吉に支援を求めてきたものの、その時には十分に対応できず、本拠を北条家に明け渡すことになってしまったため、今回の桐生城での籠城に関しては、そのことを忘れていない」として便宜が図られた。「気持ちとしては本来の領国を与えたいところだが、それは徳川家に与えてしまったから」として、代替として、妙印尼には、堪忍領として、常陸牛久領で五〇〇〇石の所領が与えられることになった。

　この牛久領五〇〇〇石は、あくまでも妙印尼に与えられたものであった。それは秀吉がかつての交誼に報いてくれたことによった。とはいえ妙印尼としては、由良家・館林長尾家の再興こそが願いであり、引き続きそのことを秀吉に要請したことであろう。そして翌同一九年二月に、牛久領五〇〇〇石について、あらためて秀吉から国繁に与えられたことが伝えられている。これにより国繁は、秀吉に直属する「小名」としての立場を確立し、武家としての再興を果たした（『戦国「おんな家長」の群像』）。

　その所領支配は、国衆の時と同じく、おおよそ自立的におこなわれたものの、政治動向はすべて政権の監督下におかれるものとなった。当然ながら、独自の軍事行動もおこなえなかった。そこに国衆との性格の決定的な違いがあった。こうして由良家の国衆としての歴史は、小田原合戦とともに幕を下ろすのであった。

第六章

信濃・上野の真田家

上田領・沼田領を領国とした真田家

次に取り上げるのは、信濃上田領・上野沼田領におよぶ、信濃と上野の国境地域一帯を領国とした真田家についてである。いうまでもなく二〇一六年NHK大河ドラマ「真田丸」の題材であり、同ドラマを通じて国衆の用語が一般社会にも広まることになったから、同ドラマが果たした役割は大きかった。もっとも、それ以前において真田家に関する研究は、必ずしも十分なものではなかった。そのため同ドラマで時代考証を担当した、私および平山優氏・丸島和洋氏は、ドラマ制作の準備をすすめていくなかで、真田家についての研究を推進し、それぞれ複数の著作を刊行することになった。その結果、真田家についての研究レベルは、国衆研究のなかでも最先端の部類に到達するものとなっている。まずはその概略を述べることにしよう。

国衆となった真田家は、真田幸綱《ゆきつな》（「幸隆《ゆきたか》」とするのは誤り）に始まる。永正一〇年（一五一三）生まれで、海野領の国衆・海野棟綱《むねつな》の娘婿になっていた。真田氏は海野氏の庶流家であったが、それ以前の動向はほとんど不明である。ただし惣領家の娘婿になっていることから、その時点では家中における有力者になっていたことがうかがわれる。

幸綱の父を右馬助頼昌《うまのすけよりまさ》とし、弟に矢沢頼綱《よりつな》（初名は綱頼）・常田隆永《ときたたかなが》などがあったとする所伝がある。いずれも近世成立の系図史料によるもので、当時の史料で確認されてはいない。幸綱をめぐる系譜関係については、確実な史料に乏しく、そのため確かなことはわからないのが現状である。ただ矢沢頼綱は、その動向からみて実際には幸綱の次世代にあたる人物とみられるし、幸綱の一族でなくあくまでも主従関係とみるのが適当と考えられる。そうすると父を頼昌とし、幸綱と矢沢家・常田家との兄弟関係という点も、疑問に思わざるをえない。現時点で確実なことは、頼昌の家督継承者と推定されるものに、海野家の有力家臣として真田右馬助綱吉があり、幸綱はそれとは別家であったこと、矢沢頼綱の先代の可能性が想定されるものに、海野薩摩守があり、頼綱は海野家一族の出身の可能性が高いこと、くらいである。それらについての事実関係の解明は、今後に残されている。

　海野棟綱は、天文一〇年（一五四一）五月の海野《うんの》平《たいら》合戦で、甲斐武田・坂木村上・諏方家に敗北し、領国を失って、山内上杉家を頼って上野に没落した。これにより海野領は、村上家に併合された。幸綱は岳父の海野棟綱と行をともにし、上野に退去したとみなされる。海野家は山内上杉家のもとで領国への復帰を願っていたと思われるが、同一六年に山内上杉家は、武田家への対抗のため村上家と同盟を結んだ。それにより海野家の領国復帰の芽は摘まれた。幸綱が海野家を去って、単身、武田信玄に出仕して、その家臣になったのは、それをうけてのことと推定される。幸綱の動向が確認されるようになるのは、同一八年からのことで、武田家のため佐久郡の国衆を調略している。

幸綱は天文一九年（一五五〇）に、信玄から信濃で所領を与えられ、一軍を構成するようになっている。そして同二〇年五月に、独力で、旧真田領と上田庄の境目に位置し、村上家の支配拠点となっていた砥石城《といしじょう》（上田市）を攻略した。これは旧真田領の奪還を意味した。それだけでなく、旧海野領そのものの回復も果たされたとみなされる。この功績によって幸綱は信玄から、本領の真田領だけでなく、矢沢領・上田庄・常田庄を一円的に所領として与えられたと推定される。ちなみに海野庄については、海野家の領国とされ、海野棟綱の孫娘に、信玄の次男信親《のぶちか》（法名竜宝《りゆうほう》）が婿養子に入り、家督が継承されている。

これらにより幸綱は、松尾城（上田市）を本拠に、一円的な領国を形成し、国衆としての地位を確立したとみなされる。そして以後は、武田家から、国衆を意味する「先方衆《せんぽうしゆう》」として位置付けられた。それだけでなく、外様ながら無足《むそく》（所領のない状態）から信玄に仕えて、武田家への奉公を続けた存在として、国衆ながらも「譜代衆同意《ふだいしゆうどうい》」として、譜代家老に準じる扱いをうけた。永禄四年（一五六一）から開始された武田家による上野侵攻において、西上野吾妻《あがつま》郡の経略に尽力すると、同郡の支配拠点とされた岩櫃城（東吾妻町）に在城し、城代として同郡支配を委ねられている。これは単なる国衆ではありえないことなので、まさに「譜代衆同意」の扱いにあったことによった。

幸綱は、元亀元年（一五七〇）までに（永禄一〇年頃とみる見解もある）、家督を嫡男信綱に譲り、天正二年（一五七四）に死去した。しかしその信綱は、同三年の三河長篠合戦で、長弟の兵部丞《ひょうぶのじょう》（昌輝《まさてる》と伝えられる）とともに戦死してしまった。信綱には男子（のちに与右衛門）があったが、まだ年少であったためであろう、武田勝頼（信玄の子）は、幸綱の三男で、武田家の譜代家臣となっていて、武田家親類衆の武藤家の家督を継いでいた昌幸《まさゆき》に、真田家の家督を継がせた。昌幸は天文一六年生まれの二九歳であった。これにより真田家は、国衆であるとともに、武田家の譜代家臣でもあるという性格をあわせもつものとなった。そしてその結果として、武田家の領域支配をさらに担い、白井領・沼田領支配も管轄した。その立場は、北上野の武田領国一帯について支配を担うものであり、そのため「北上野郡司」と位置付けられている（丸島和洋『戦国大名武田氏の家臣団』）。

真田家が、多くの領国を有する有力な国衆となるのは、武田家の滅亡後のことであった。天正一〇年三月に武田家は滅亡し、真田家は国衆としての性格に特化させて、自立的な領国支配を基本にした存在になった。武田家滅亡後、信濃では戦乱が継続される状態になった。その戦乱のなかで真田家は、織田政権→上杉家→北条家→徳川家→上杉家へと、従属する先の大名を変遷した。それにともなって、信濃では、真田領周辺の地域を領国に併合して、小県郡一円に拡大し、上田城（上田市）を本拠にした上田領を形成した。上野では、

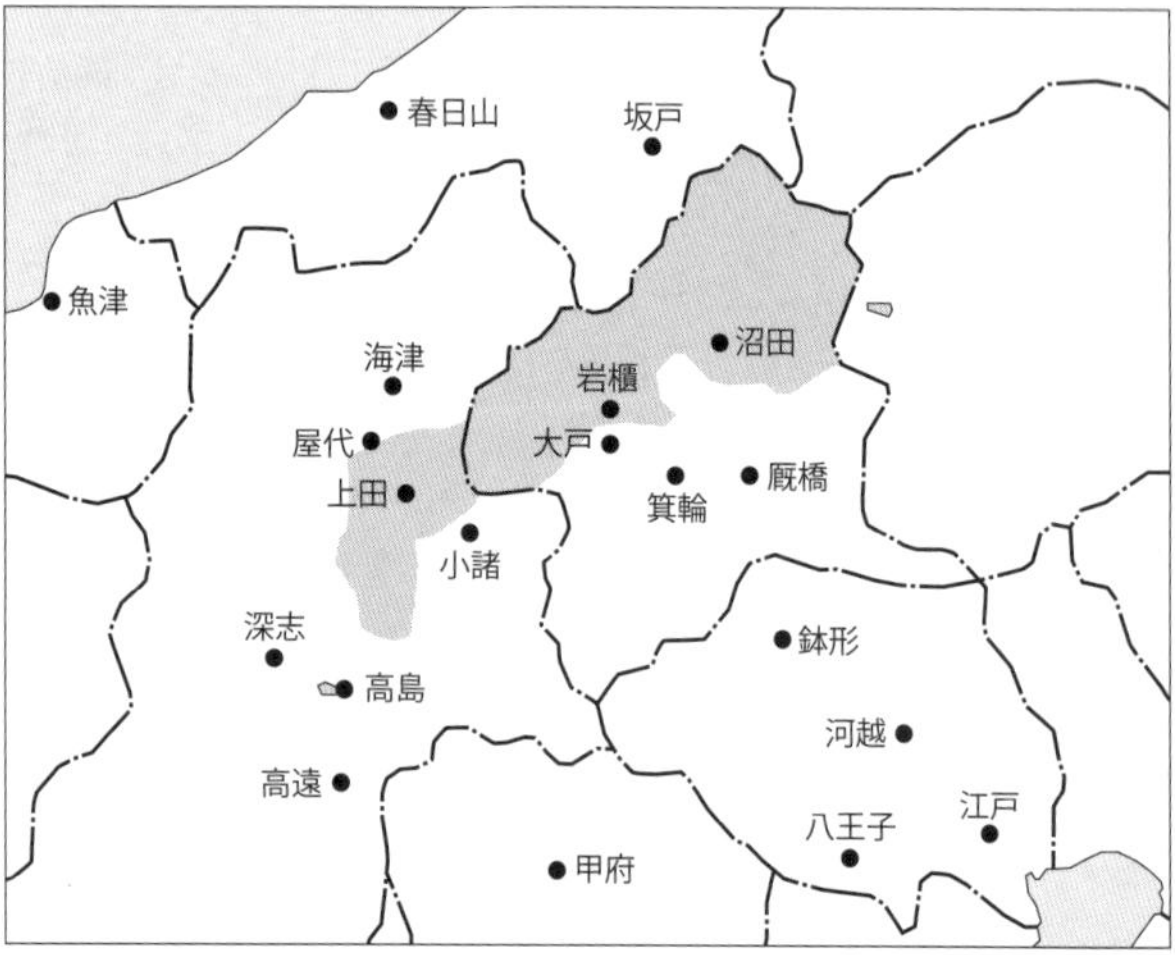

上田・沼田領域図（拙著『真田信之』より）

岩櫃領・沼田領について一円的な領国として編成し、それぞれ岩櫃城・沼田城（沼田市）を支配拠点にするとともに、両領を一体化して新たな沼田領を形成した。

こうして真田家の領国は、上田領と沼田領からなり、信濃・上野の国境地域一帯にわたるものになる。しかし従属先の上杉家が、天正一四年（一五八六）に中央政権の羽柴政権に従属し、これにともなって真田家も羽柴政権への従属が求められ、同一五年二月に、昌幸は羽柴秀吉のもとに出頭し、従属した。領国はそのまま安堵されたものの、秀吉直臣の「小名」の立場になり、さらに徳川家に付属され、その与力大名とされた。ここに真田家は、羽柴政権への従属によって、国衆としての性格を終えるものとなる。以下では、それらのなかで主要な事柄を取り上げ、述べていきたい。

沼田領の形成

まず時期的に早い、沼田領の形成の過程についてみていきたい。武田時代において、岩櫃領・沼田領ともに、真田昌幸の立場は城代であった。それらの領域には、武田家の直轄領をはじめ、武田家から直接に所領を与えられた直臣の所領がみられた。したがって真田家が両領を所領にしていたわけではなかった。そこでは昌幸は、領域の郷村、領域に所在する領主に対して、城郭普請役を課す権限を認められていた。そして領域の領主については、すべて同心・与力として付属されていた。さらに沼田領では、それら直臣の所領設定について、差配する権限も認められていた。

そのような立場にあった昌幸は、天正一〇年（一五八二）三月に武田家が滅亡した直後から、岩櫃領・沼田領について、自己の領国として編成をすすめている。武田勝頼が滅亡したのは三月一一日になる。それに先んじた三月六日、織田軍による上野進軍への対応のためか、昌幸は家老の矢沢頼綱を沼田城代に任じて、同城に派遣し、所領を在城衆に配分し、牢人衆に城米を支給することを指示している。在城衆・牢人衆の引き留めを図るものであろう。織田軍が上野に進軍してきたのは、その翌日のことであった。勝頼が滅亡した後の一四日には、矢沢頼綱に沼田在城への功績、岩櫃領の領主に昌幸に対する忠節への功績として、信濃海野領で所領を与えている。

岩櫃領の領主は、それまでは武田家の直臣として存在し、そのためそれへの所領の給与は、武田家によっておこなわれた。ところがここで昌幸は、そうした領主に自身への忠節を働かせ、それに対して新たな所領を与えている。このことは昌幸が、それらの領主を直臣化したことを意味する。具体的には一例しか確認できないが、その他の岩櫃領の領主すべてについて、同様のことがおこなわれたと考えてよいであろう。さらにはそのことは、沼田領の領主についても、同様であったとみてよいと考えられる。

なおこの時に、かつて沼田領の国衆であった沼田顕泰の子で、北条方の新田由良家に庇護されていた、沼田平八郎（実名は景義《かげよし》と伝えられる）が沼田領に乱入する事件があった。昌幸は、これを沼田衆で与力であった藤田《ふじた》信吉《のぶよし》（もと北条氏邦の家老）に討伐させている。この事件はこれまで、江戸時代成立の「加沢記《かざわき》」に基づいて天正九年二月のこととみられてきたが、正しくは同一〇年三月のことであることが明らかになっている（「小野寺刑部少輔覚書」〈「秋田藩家蔵文書二四」〉）。またこれにより、武田家から沼田領で一〇〇〇貫文の所領を与えられ、実質的に国衆として存在していた藤田信吉も、昌幸の配下にあったことが確認される。

しかし昌幸は、四月初めには織田政権に従属する。そこで取次を務めたのは、織田家家老の滝川一益《たきがわかずます》であった。一益はまた、三月末における武田領国の所領配分において、信濃小県・佐久両郡と上野一国を与えられ、四月初めに上野に入部してきた。昌幸は所領についてはそのまま安堵されたと考えられるが、滝川に与力として付属された。さらに上野では、岩櫃城・沼田城はともに滝川に管轄された。昌幸らの所領は没収されたとはみられないので、城とその城付領が滝川に収公されたのだろうと思われる。それにともない両領に対する領域支配権も滝川に移管されたとみなされる。沼田城には城代として滝川儀大夫が派遣され、岩櫃領・沼田領について一体的に管轄したとみなされる。これにより両領は一体化され、以後は新たな沼田領として展開されていくことになる。

昌幸は、織田政権への従属によって、岩櫃領・沼田領の領国を失い、両領に所在する所領のみを支配する存在となってしまった。これはいわば、武田時代への逆戻りともいえるが、武田時代では領域支配を管轄していたことからすると、それよりもさらに立場は後退したものといえる。ところが同年六月に、京都・本能寺の変により「天下人」織田信長が死去したことで、旧武田領国の織田領国は崩壊する。すぐに上野には、織田政権から独立した北条家が侵攻の動きをみせた。滝川はそれへの対応のため、沼田城代の滝川儀大夫を呼び寄せ、代わりに昌幸に沼田領支配を委ねた。

昌幸は一三日に、沼田領に進軍して沼田城を請け取っている。昌幸はその前日から、旧岩櫃領所在の領主である吾妻衆と、旧沼田領所在の領主である沼田衆に対し、昌幸への忠節の対価として、本領を安堵するとともに、信濃や沼田領で新たな所領を与えている。これは再び吾妻衆・沼田衆を家臣団に編成していったことを示しており、すなわち沼田領を領国化する動きにあたる。これに際して、かつて昌幸により経略される以前に沼田城代の地位にあった藤田信吉は、滝川に沼田城の返還を要請したが、滝川はそれを拒否し、昌幸に委ねたのであった。藤田はそれに反発するが、昌幸に撃退され、越後上杉家を頼って没落した。藤田は沼田領で一〇〇〇貫文の所領を有した大規模な存在であった。それを没落させ、所領を収公できたことは、昌幸が同領支配を確立するうえで、大きな意味を持った。

しかも滝川は、六月一八日・一九日の神流川合戦で北条家に敗北し、二一日には上野から退去してしまった。その前後、昌幸は、吾妻衆・沼田衆の家臣化をすすめていて、それは滝川の没落によって決定的になった。そして沼田城に妹婿の遠山丹波守（もと右馬助）を（のちに家老の丸山綱成に交替か）、岩櫃城に母方従弟で家老の河原綱家《かわはらつないえ》を城代などとして派遣し、支配体制の整備をすすめたと考えられる。その領国化の動きを示すものとして、最後の事件となったのが、九月における海野長門守（幸光と伝えられる）・能登守（輝幸と伝えられる）兄弟の誅殺であろう。この事件についても、これまでは「加沢記」により、天正九年一一月のこととみられていたが、正しくは天正一〇年九月のことであることが明らかになっている（「小野寺刑部少輔覚書」）。

この海野兄弟は、吾妻郡における海野氏一族の長老的存在で、元来は吾妻郡の国衆・岩下斎藤家の家臣で、武田時代には武田家の直臣とされて、昌幸に与力として付属されていた。昌幸が沼田城攻略をすすめていた時には、岩櫃城の守備を委ねるなど、吾妻郡における有力者であった。昌幸による誅伐は、逆心を企てたためと伝えられる。昌幸から岩櫃領支配を委ねると約束があったにもかかわらず、それが実現されないのであらためて要請したところ、鎌原家・湯本家など有力七家については昌幸の直臣として残し、その他は海野兄弟の同心とすると返答があったが、その内容に納得できず逆心を企てたものという。

この内容が事実かどうかは明確でないが、海野兄弟は、かつて岩櫃城の守備を委ねられた経緯からみても、かなり影響力の強い存在であったことは間違いない。昌幸の領国化をうけて、昌幸の完全な家臣になることに抵抗があったとしても不思議ではない。ともあれこうした経緯によって、昌幸はようやくに沼田領の領国化を遂げたとみなされる。以後はこの沼田領を維持するために、周囲の戦国大名との間で複雑な政治関係を繰り広げていくことになる。

上田領の形成

小県郡における真田家の領国は、武田時代ではその東北部を占めるにすぎない、限定されたものであった。それよりも南部には、海野領・禰津《ねつ》領が存在した。小県郡西部では、北部に室賀《むろが》領・小泉領・浦野領があり、中部に丸子領・武石《たけし》領などがあり、南部に和田領などがあったが、かつて長窪大井家の領国であった長窪領は、武田家の直接支配下にあったと考えられる。昌幸は武田家滅亡後の戦乱を通じて、これらを領国に編成して、小県郡一円の領国化を果たすことになる。

最初の動きは、天正一〇年（一五八二）三月、武田家滅亡の際にみられている。武田勝頼が滅亡した直後の三月一四日に、真田昌幸は家老の矢沢頼綱・頼幸父子に海野領で一〇〇〇貫文、吾妻衆の湯本氏に海野領で所領を与えている。これはこの時点で、昌幸が海野領を併合していたことを意味している。海野領の領主は海野家で、当主は武田勝頼の兄・竜宝であったが、すでに三月七日に死去しており、海野家は断絶した状態にあった。そのため昌幸は、海野領を経略したと考えられる。さらに四月三日には、室賀領の経略をすすめていたことが知られる。昌幸は、海野領だけでなく、近辺の経略をすすめていたことがわかる。

昌幸はその後、織田政権に従属するが、六月二日の京都・本能寺の変により、旧武田領国の織田領国は動揺をみせる。そして上杉・北条・徳川の三大名によってそれら旧武田領国の領国化をめぐる抗争が展開されるものとなる。この戦乱を「天正壬午の乱」と称している。その経緯については、平山優氏の著作に詳しい（『天正壬午の乱 増補改訂版』）。織田政権のもとでは、織田家家老の滝川一益の与力に付属されていたが、滝川は北条家との合戦に敗北したため、六月一一日に上野から信濃に退去してきた。そして二六日に佐久郡小諸城（小諸市）を出立して、京都に向けて帰還した。

滝川の没落をうけて、昌幸は上杉家に従属した。上杉家はすでに、信濃北部の川中島四郡（のちに海津領）を制圧していて、信濃の真田領に迫っていた。上野には北条家の侵攻が展開されたが、それよりも上杉家の脅威がこの時は勝っていたため、上杉家に従属したのであろう。昌幸は遅くても二九日には上杉家に従属している。ところが北条家は滝川を追撃するかたちで、信濃に侵攻してくるものとなった。そのため昌幸は、今度は北条家に従属することにし、七月九日には北条家に従属を表明し、一二日に北条氏直が碓氷《うすい》峠を越えて信濃に進軍してくると、翌一三日に、高坂家・塩田家（福沢家のことか）ら他の信濃国衆一二人とともに、氏直に出仕した。

この時期から昌幸が小県郡一円を領国化するまでで、国衆として存在が確認できるのは、禰津家・室賀家・塩田家・丸子依田家くらいにすぎない。それ以外の国衆については、滝川没落後の戦乱の展開のなかで、昌幸ら他の国衆との抗争により没落したと思われる。九月一一日には上杉方の海津領の経略をすすめていたことがうかがわれる。その後、徳川家康から従属の働きかけがあり、九月二八日に昌幸は、家康から本領について安堵され、さらに上野などで新知行を与えられることを約束され、家康に従属した。そのことが公表されたのは、一〇月一〇日のことで、それをうけて一九日に北条方に手切れして、北条方であった禰津家を攻撃している。次いで二三日には佐久郡に侵攻している。おそらくこの時に、小県郡中央部・南部の経略をすすめたことであったろう。

ところがそれからすぐの一〇月二九日、北条家と徳川家の和睦、次いで同盟が成立した。これにより天正壬午の乱は終息をみて、上杉・北条・徳川により旧武田領国の分割が確定した。そこでは信濃は徳川領国、上野は北条領国と取り決められた。真田家は徳川家従属の国衆として、信濃における領国は徳川家から安堵されたが、上野の沼田領については、北条家に引き渡すこととされた。しかし昌幸はそれを承知することなく、以後において複雑な戦国大名との政治関係を展開していくことになる。そしてこの沼田領領有をめぐる問題は「沼田領問題」として、北条家滅亡をもたらす小田原合戦への伏流をなすのであった。

北条・徳川同盟の成立により、北条方の信濃国衆は徳川家に帰属した。禰津家・室賀家も同様であった。しかしすんなり北条方から転じることに応じた国衆だけではなかった。それに対しては、徳川方の国衆による攻撃がおこなわれた。昌幸も翌天正一一年正月に、千曲川南岸の「河南衆《かわなみ》」の叛乱をうけてその鎮圧をすすめ、また丸子依田家を攻撃している。これにより昌幸は、丸子領などを併合したと思われる。昌幸は、天正壬午の乱とその余波のなかで、禰津家・室賀家以外の国衆領国をすべて併合するにいたったと考えられる。これにより昌幸は、上野沼田領と合わせると、数郡規模におよぶ、国衆としては大規模な領国を形成したのであった。

そして同年四月から、上杉方への対抗のため、常田庄の千曲川沿岸部に、新たな本拠として上田城の築城を開始した。築城にあたっては、徳川家から全面的な支援をうけて、それには徳川方の国衆も動員されたほどであった。そして昌幸は同城を本拠とした。そのため信濃における領国は、上田領と称すべきものとなった。

その後は徳川家による佐久郡・小県郡の領国化が遂げられるが、同時に北条家・徳川家との間で、沼田領割譲をめぐる問題が顕在化していった。そのため昌幸は、天正一三年六月二四日までのうちに、上杉家に従属した。そして七月一五日に、上杉景勝から領国について安堵する起請文を与えられた。そこでは昌幸の領国は、小県郡・吾妻領・沼田領と認められていて、上杉家から与えられたものに埴科郡坂木領・同庄内・屋代領があげられ、さらに経略次第のものとして信濃佐久郡・上野箕輪領などがあげられている。また禰津領の禰津昌綱の処遇の差配について保証されている。昌幸は、上杉家への従属にともない、新たに埴科郡で領国を獲得したことがわかる。ただしそれについては、のちに羽柴政権に従属したことにともなって、上杉家に返還されることになる。

この昌幸の行動に対する報復として、徳川家康から閏八月に上田城攻めをうけたが、昌幸はこれを撃退する。九月五日には、昌幸は徳川方にあった禰津昌綱を従属させ、このことを上杉景勝から承認されている。そしてこの後は、禰津家を与力として従えた。さらに同月一〇日までのうちに、同じく徳川方であった室賀正武《まさたけ》を滅ぼし、室賀領を攻略している。これは和睦すると偽って、碁に招待しておびき出し、謀殺したものであった。この室賀正武謀殺について、これまでは「加沢記」により天正一二年七月のこととみられていたが、当時の政治状況から、この時のこととみるのが妥当である。

ここに昌幸は、禰津家を従え、室賀家を滅ぼしたことで、小県郡一円の領国化を遂げた。武田家滅亡から三年半後のことであり、それは武田家滅亡後から続いた戦乱を通じてのことであった。ただその一方で、昌幸が小県郡一円を領国化したということは、それまで存在していた他の国衆を滅亡させたり、家臣化して従えたことを意味していた。信濃には、武田時代には、郡規模に満たないものの自立的な所領支配をおこない、武田家に従属していた領主が多く存在していた。ところがこの上田合戦の時期になると、他の地域でも、佐久郡が松平依田康国（芦田依田信蕃《のぶしげ》の子）、筑摩郡・安曇郡が小笠原貞慶《さだよし》、諏訪郡が諏方頼忠、木曾郡が木曾義昌《よしまさ》、上伊那郡が保科正直という具合に、郡規模の国衆が成立をみるようになっている。戦乱の継続が、国衆の統合をすすめていき、より大規模な国衆の形成をもたらしたことがわかる。

戦国大名を翻弄する昌幸

真田昌幸による上田領の形成と、沼田領の維持は、周囲の戦国大名との政治関係をかいくぐるなかで遂げられたものといえる。天正一〇年（一五八二）六月の京都・本能寺の変をうけて展開された天正壬午の乱では、織田家家老の滝川一益が没落したのちは、上杉家↓北条家↓徳川家と、目まぐるしくその従属先の戦国大名を替えていった。滝川一益が信濃小諸城を出立して、領国から退去したのは六月二六日であったが、その三日後の二九日には、昌幸は上杉家への従属を遂げていたとみなされる。上杉方との連絡を考えれば、滝川が上野から信濃に後退してきた頃には、上杉方に接触していた可能性が高い。

しかしそれから数日のうちに、今度は北条家に接触している。七月九日には北条家から返事をうけている。北条家への接触は、遅くてもその数日前にはおこなわれていたとみられるから、まさに手のひらを返すがごとくの行為であった。上杉方に従属してから、何らの忠節を示さないうちでの、北条方への寝返りであった。上杉家に従属したものの、今度は北条軍が信濃に進軍してきたため、間髪を容れることなく、北条家への従属を決断したものであろう。

北条家は当初は上杉方の海津領の経略に向かい、そのなかで昌幸は、弟で上杉方になっていた加津野昌君《かづのまさただ》（のち信尹《のぶただ》）が牧島城（信州新町）に在城していたため、それを引き取ろうと経略している。加津野昌君を通じて、同城そのものを攻略しようとしたものであろう。ただこれは失敗し、加津野昌君も上杉方に逆心したものとして追放され、その後は徳川家康に仕えるものとなる。そして昌幸は、九月一九日までに今度は徳川家に従属する。それは徳川家にあった弟の加津野昌君と、佐久郡で徳川方の国衆として北条家に抵抗していた芦田依田信蕃からの働きかけによるものであった。昌幸はそれを容れ、二八日には徳川家康から、本領以外での新恩所領を与えられることとの保証を獲得している。

昌幸が徳川家に従属したことについては、当初は徳川家康の戦略によって徳川方でも内密にされ、公表されたのは一〇月一〇日のことであった。北条家の本軍はこの時、甲斐で徳川軍と対陣していた。それへの補給は、上野を経由しておこなわれていた。北条方では、この昌幸の突然の離叛をうけて、本陣に従軍していた藤田（北条）氏邦はその日のうちに小田原在城の北条氏政に連絡し、氏政はその翌日に氏邦に返事を出している（戦真関連四七）。そこで氏邦は、沼田領の真田方への防備を固めようとしていることを伝えたらしい。それに対して氏政は、「当陣（甲斐の戦陣のこと）がいい状態にさえなれば、未来の得失を度外視してでも、取り組むことが大事である」「先祖伝来の所領が（真田方に経略された）としても、当家が滅亡してしまうことに替えることはできない」と述べて、徳川家との対戦に専念するよう諫めている。

一九日に昌幸が明確に手切れしてくると、北条家でも真田家への対処が必要になり、北条氏直は二四日に、佐久郡の確保のため、御一家衆・玉縄北条道感《どうかん》（法名、実名は綱成）など五〇〇〇騎を、甲斐本陣から派遣した。真田家への対応のためそれだけの大軍を割かなければならなかった。昌幸は芦田依田信蕃と連携して、伴野《ともの》領と小諸城の間の地域に侵攻をおこなった。さらに二五日、北条氏直は氏邦の家老・猪俣邦憲《いのまたくにのり》を、佐久郡の重要拠点であった内山城（佐久市）に派遣することを決める。上野からの補給は、碓氷峠越えと内山峠越えによっておこなわれていた。碓氷峠越えは、小諸城が真田方から侵攻をうけていたため十分に機能しなくなることが予想され、その分、内山峠越えの確保が重要になったためと考えられる。

このように北条家では、昌幸への対応のために多くの軍勢を甲斐本陣から割かねばならなくなった。それはそれだけ、甲斐での対陣を硬直化させ、徳川方に有利に働いたことはいうまでもない。国衆の離叛は、このように戦国大名の軍事行動での戦略を大きく狂わせるものであった。

天正壬午の乱は、それから五日後の二九日に、北条・徳川両家の和睦によって終息する。その際に、昌幸の上野沼田領は北条方に引き渡されることが取り決められた。徳川家からはそのことが勧告され、北条家からは引き渡しの要求があったに違いない。しかし昌幸は、その取り決めを承認せず、拒否した。そのため北条家は、実力による沼田領経略を図って、一二月二七日に北条氏政・氏直父子は沼田領に向けて出陣した。その攻撃により、沼田領最南端に位置した群馬郡中山城（高山村）、さらに沼田城近くまでの地域が攻略されたが、そこまでで防いだ。沼田城を攻略できなかった北条軍は、一旦、退陣した。

年が明けると、再び北条軍による侵攻が想定されたものの、上野厩橋毛利北条家が、北条家からの軍事動員に応じなかったことから、北条家から敵対とみなされ、北条家はまずは同家の攻略を優先した。北条家は九月に同家を攻略するが、今度は一〇月に、上野新田由良家と館林長尾家が離叛したため、北条家はその攻略を優先させた。北条家が両家を攻略するのは、同一三年正月のことになる。そのため北条家本軍による沼田領への侵攻は、その間は回避された。これらの事態も、国衆の動向が戦国大名の戦略を狂わせた典型的な事例とみることができる。

ただ北条家は全く沼田領の経略をあきらめたのではなく、箕輪領の北条氏邦の軍勢と白井長尾家により、吾妻郡の経略をすすめ、五月二七日に侵攻している。昌幸は沼田領の防衛強化のため、六月一七日に家老の矢沢頼綱を沼田城代に任じて派遣した。それだけでなくその矢沢頼綱を、上杉家に従属させた。昌幸は当時、徳川方の国衆として、上杉方と対戦していた。その一方で、矢沢を上杉方に従属させたのである。これには上杉景勝も判断に迷ったらしく、毛利北条芳林に使者を派遣して問い合わせ、矢沢の覚悟は心底からのものであるとの返答をうけたことで、七月一五日、矢沢に対して従属を承認している（戦真一四八）。さらには矢沢が、北条氏邦からの使者を成敗したことで、その忠信を確信するものとなっている（戦真一四九）。

この時の沼田領は、北方の上杉家と敵対関係にあり、南方からは北条方の侵攻をうけ、昌幸からは沼田領の帰属問題のために、援軍が派遣できない事態になっていた。そのため窮余の策として、昌幸は沼田領だけを上杉方に従属させ、上杉家の支援を得て北条方の侵攻に対抗しようとしたものであろう。この戦略は、戦国時代でも類例をみることができないような「ウルトラC」級のものといってよい。昌幸の知将ぶりを余すことなく示した、奇策といわざるをえない。

ただ上杉家では、矢沢頼綱の領国は狭義の沼田領との認識にあったように思われる。というのは翌天正一二年三月から九月にかけて、真田家に叛乱した吾妻衆の羽《はね》尾《お》源六郎《げんろくろう》に対し、上杉景勝は信濃国衆に支援させているのである。この動きには、北条方の大戸城（東吾妻町）の大戸浦野家の一族の浦野民部《みんぶ》右衛《え》門尉《もんのじょう》や、吾妻衆湯本《ゆもと》氏の一族の湯本図書《ずしょ》などが応じたようで、真田・上杉・北条方入り交じっての戦乱になっている。この羽尾源六郎の叛乱の結末は判明していないが、のちの同一七年までは吾妻郡鎌原《かんばら》（嬬恋村）に居住したようなので、叛乱は昌幸によって鎮圧され、帰参を認められたのだろうと思われる。

昌幸の上田領が徳川方で、矢沢頼綱の沼田領が上杉方という捻れ状態は、その後もしばらく続いたが、天正一三年六月に、昌幸が上杉家に従属したことで、真田家の勢力はすべて上杉方となった。昌幸が徳川家から離叛したのは、その年の五月に、徳川家康が北条家に、沼田領を引き渡すことを約束したからであった。昌幸には家康からその旨が指令されたことであろう。昌幸はそれを拒否し、そのため上杉家に従属先を替えたとみなされる。それに対して、徳川家は閏八月に報復のため上田領に侵攻し、続いて北条家も九月に沼田領に侵攻してきた。昌幸はいずれについても迎撃に成功する。ただその後も再度の侵攻が予想されたが、徳川家では家老石川康輝（もと数正《かずまさ》）出奔事件があり、北条家では下総佐倉千葉家の内訌《ないこう》への対応のため、再び侵攻することはできなかった。

天正壬午の乱からみられたこれらの昌幸の動向は、自己の領国を維持するために、従属先の戦国大名を次々に替えていくものであった。その結果として、領国の拡大を果たし、かつその維持を果たした。周囲の戦国大名は、そうした昌幸の動向に、いってみれば振り回されていたといってよい。ここに戦国大名の政治行動が、国衆の動向に大きく規定されていた事態を、明瞭に認識することができるであろう。

羽柴政権への従属

真田昌幸が、徳川家による上田領侵攻、北条家による沼田領侵攻を防いだのちにまっていたのは、中央政権としての地位を確立していた羽柴家からの従属要請への対応であった。天正一三年（一五八五）一〇月には初めて羽柴秀吉に通信し、秀吉への従属を表明し、支援を要請している。これはいうまでもなく、徳川家への対抗のためであった。昌幸が従属していた上杉家は、すでに羽柴秀吉に従属する関係にあった。秀吉への通信は、上杉家の執り成しをうけてのものであった。その上杉家は、同一四年六月に景勝が秀吉に出仕して、従属を確定した。

秀吉はその一方で、徳川家康の従属もすすめていた。家康とは、天正一二年に小牧・長久手合戦を戦ったが、その後は家康に対し頻《しき》りに従属を要請していた。そして同一四年正月に、家康は秀吉からの圧力に屈して、従属を表明する。しかしそれを確定する秀吉への出仕についてはなかなか実現しなかった。それでも一〇月にようやく秀吉のもとに出仕し、従属関係を確定させる。

その間にあって問題になったのが、昌幸の従属であった。昌幸も、上杉景勝の出仕の時期に、同じく出仕を要請されたが、昌幸は出仕しなかった。すでに秀吉に従属していた信濃国衆の木曾義昌・小笠原貞慶は、秀吉への出仕を実現していた。昌幸としては、依然として沼田領に対する北条家の侵攻が続いており、領国を留守にできなかったためであろう。しかも秀吉は景勝との間で、家康が従属した際には、昌幸ら信濃国衆を家康の与力にする方針を示し、景勝の同意を獲得している。昌幸はこれを景勝から連絡されたに違いなく、ますます秀吉に出仕できなくなった。家康に与力として付属されれば、沼田領問題が再燃するし、家康から叛乱者として誅伐される恐れもあったからであろう。

秀吉はそれに対し、七月になって、昌幸討伐を決定し、これを家康に執行させることにした。そして景勝には、昌幸への支援の禁止を命じた。その際に秀吉が昌幸を評した表現が、「表裏《ひょうり》比興《ひきょう》の者」、言ったことを実現しないとんでもない奴、というものであった（戦真関連一三三）。ただ真田領国には、上杉家の軍勢が在城する場所があったらしい。おそらくは再度の徳川家からの侵攻に備えて、昌幸の要請により、援軍として派遣されていたものであろう。その上杉軍の在城地については、家康は関与しないこと、真田家滅亡のうえはそれらは上杉家に与えることが取り決められている。

秀吉としては家康の出仕実現を優先させ、敵対関係にあった昌幸討伐を容認したのであろう。しかし秀吉は、八月七日になって家康による昌幸討伐を中止し、昌幸に対しては自ら裁定することに方針を変更した。これをうけてであろう、昌幸は景勝に執り成しを要請したとみられ、景勝は沼田領問題の解決を秀吉に要請する。その甲斐あってか、九月二五日に、秀吉は昌幸討伐を事実上、中止にした。それは家康の出仕実現が迫ったため、それを優先させたからであった。

家康の秀吉への従属が確定すると、昌幸は秀吉からあらためて出仕を要請された。一一月二一日に、家康への言い分について秀吉が対処することを約束された。おそらくは沼田領問題や家康配下に入った際における進退の保証などのことであろう。これをうけて昌幸は、ようやく秀吉に出仕することを決したと思われ、翌天正一五年正月から上洛の準備をすすめ、二月二四日に秀吉に出仕した。そこで領国を安堵されるとともに、家康に与力として付属されることを通達され、帰路に家康に出仕することを命じられた。そして昌幸は、三月一八日に家康の本拠・駿府城（静岡市）に赴いて、家康に出仕した。

こうして昌幸は、それまでの自立した国衆の立場から、羽柴政権に従属する「小名」の立場になり、さらに有力大名の徳川家康の与力とされた。もはや政治的・軍事的に独自の行動をとることはできない立場になり、何事も寄親大名の徳川家や、羽柴政権の指示をうけるものとなった。こののちにおいて、北条家が羽柴政権に従属するにあたって、沼田領問題が展開されるが、それについてももはや、独自の判断はできないものとなっている。

そして小田原合戦により、昌幸の領国は、上田領五万七〇〇〇石、沼田領二万七〇〇〇石と確定された。慶長五年（一六〇〇）の関ヶ原合戦後、それらの領国は昌幸嫡男の信之（もと信幸）の領国とされ、その石高は上田領六万五〇〇〇石、沼田領三万石と決められた。領国の範囲などに変化があったわけでなく、領国高が変更されたにすぎない。実際に真田領国では、石高制を使用せず、戦国時代以来の貫高《かんだか》制を使用していた。ただ貫高の算出方法は、地域や時期によって異なるものであった。また羽柴政権・徳川政権では、貫高と石高の換算がおこなわれていたが、その換算率も、地域や時期によって異なっていた。

例えば上田領では、一貫文は二・四七石余の換算率であったが、それは領国の貫高二万六二七二貫文余を、領国の石高六万五〇〇〇石に換算したものであった（『真田氏と上田城』）。沼田領では換算率は異なっていて、一貫文は三・一二五石余であったと推定されている（丑木幸男『石高制確立と在地構造』）。貫高にしろ石高にしろ、所詮は政治的数値にすぎず、同じ単位で表示されていたとしても、その実態は異なっていた。徳川政権期でも三河や甲斐では一貫文＝一石、旧北条領国では一貫文＝一・四石、幕府領では一貫文＝五石とされていたという。よく戦国時代の所領貫高を石高に換算したらどれくらいか、という質問をうけるが、以上のような事情から、統一的に換算することは、ほとんど不可能なのである。

ただ真田家における換算率は、簡単な目安にはなろう。真田家と同じく武田家の国衆では、いくつか領国の貫高が判明している事例がある。信濃国衆で芦田依田家が一万貫文、前山伴野家が三五〇〇貫文、上野国衆で長井政実が五〇〇〇貫文、駿河国衆で小笠原信興が一万貫文などである（平山優『戦国大名と国衆』・拙稿「信玄の先方衆統制」柴辻俊六編『新編 武田信玄のすべて』所収）。真田家の場合をもとに、一貫文＝三石程度で換算すると、芦田依田家と小笠原信興は三万石、長井政実は一万五〇〇〇石、前山伴野家は一万五〇〇〇石、といった具合になる。必ずしも正確なものにはならないが、おおよそどの程度の国衆が、どの程度の石高になるのか、簡単な参考にはなるであろうか。

第七章 戦国大名になった国衆たち

戦国大名になった国衆の検出

本書での最後に、国衆から戦国大名になった存在について、取り上げることにしたい。戦国大名という存在は、第三章で述べたように、他者に従属していない自立した領域国家であり、他方において国衆を従属させる存在とみることができる。そのためその存在はかなり限られたものとなる。

第三章では、戦国大名とみてよいものを一通りあげておいたが、その多くは、室町時代の守護家・「大名」家の系譜を引く存在となっている。ちなみに東北地方の陸奥・出羽両国には、守護はおかれていなかったが、各国を統括する探題家のほか、他国での「大名」身分にあたる「屋形」号を許された「大名」家が複数存在していた（白根靖大「東北の国人たち」同編『室町幕府と東北の国人』所収）。南部・伊達・芦名・秋田各家はそうした存在にあたっている。そのためそれらについては、守護・「大名」家からの戦国大名化の場合に含めてよいと考えられる。

また守護・「大名」家の家臣出身もそれなりにみられている。主家が大名クラスで存在し、下剋上によって自らが戦国大名化した存在になる。越後上杉・織田・美濃一色（斎藤）・朝倉・尼子各家がそれにあたる。それ以外では、駿河今川家の一門の立場から戦国大名化した北条家、古河公方足利氏御一家で軍事指揮権を委ねられた「大将」の立場から戦国大名化した里見家があるが、これらは珍しい事例といえるであろう。これらについて国衆からの戦国大名化とみられないこともないが、他の大名家に従属していた経緯があったわけではなかったから、やはり国衆とは区別しておくのが適切であろう。

そうすると明らかに国衆の立場にあったものが戦国大名化した存在は、徳川家・毛利家・長宗我部家、それに肥前竜造寺家にすぎなかった、とみてよいようである。

しかしこのことは実は意外なことではなかろうか。かつては、「国人領主」が戦国大名化していくという見方が強かった。現段階ではもはや「国人領主」なる概念は成立しないと考えられるものの、そこで「国人領主」とみられていたものの多くは、本書でいう国衆にあたっている。しかし実際に戦国大名となったものは、前代の守護家・「大名」家の事例が大半を占めるものとなっていた。

家臣の立場から下剋上を経て戦国大名化したものも、先にあげた事例があるにすぎず、それほど多いといえない。かつては、それらについても領主的性格を「国人領主」とみることで、先の考えを成立させてきた側面もあったといわざるをえない。しかしそれらは、主家の守護家において家宰・守護代などの立場にあり、そもそも当主と大名権力を共同執行する立場にあったから（拙著『下剋上』）、それらの存立の基本を、大名権力と切り離してとらえることはできない。それらはあくまでも大名権力内部での主導権の移転状況とみるのが適切であろう。

ついでながら、織田政権においてみられた大名権力について触れておきたい。織田政権下にも、戦国大名とほとんど同等の大名権力がみられた。戦国大名が従属した関係にあったのは、徳川家康だけといえる。北条氏政・氏直や佐竹義重らも従属する関係にあったが、「天下人」織田信長にまだ出仕を遂げていないので、その関係は確定したものになっていなかった、といってよかろう。他方、織田政権の領国で、他国の戦国大名と同等の政治的地位にあり、独自の領国支配をおこなったものに、織田信忠《のぶただ》・信雄《のぶかつ》などの織田家当主・一門や、柴田勝家・羽柴秀吉・惟任《これとう》（明智）光秀・惟住《これずみ》（丹羽）長秀・滝川一益など織田家家老があった。いずれも一国規模を領国としていた。その立場は、戦国大名権力における「支城領主」と同質と認識される（戦国史研究会編『織田権力の領域支配』所収論文）。

それらについては、織田政権が諸国の戦国大名をも統括することができる中央政権であること、「支城領主」は戦国大名権力での位置付けにあたることから、戦国大名やその配下の「支城領主」と区別がつくように、「織田大名」と称するのがわかりやすい。ただこれはあくまでも従属下にない戦国大名との区別のため、織田政権の政治的地位を考慮しての、便宜的な呼称になる。その実態は、戦国大名における「支城領主」にあたることは十分に認識しておくことが大切で、それを踏まえたうえでのことである。

そうしたなかで位置付けを確かにできないものもある。織田政権のもとで播磨・備前《びぜん》・美作《みまさか》三ヵ国の大名の地位を認められた備前浦上宗景《うらがみむねかげ》、それに取って代わって備前・美作二ヵ国の大名の地位を認められた備前宇喜多《うきた》直家《なおいえ》の場合である。浦上宗景は、三ヵ国守護赤松家の家宰の出身で、毛利家や織田政権の支援をうけて自立し、浦上家当主の兄政宗に取って代わり、次いで主家筋の赤松家に取って代わった存在になる。経緯は複雑ではあるが、おおまかには家宰家による大名化の範疇に含まれるであろう。また大名化といっても、それが確立したとはいいがたく、そのため自力で領国支配を確立する戦国大名とみるのは難しい。実態は織田政権に従属する国衆、といったところではなかろうか。

宇喜多直家は、もとは浦上宗景の配下にあったが、それから自立し、毛利家次いで織田政権に従属した存在になる。浦上家との関係については、家臣とみるものと、従属関係にあったとみる両様がある。そもそも宇喜多家の登場は、戦国時代になってからのことにすぎず、旧来からの領主層の出身ではなかったようなので、土豪が領主化したものであろう。そして登場の当初から浦上家の配下にあったことが確認されている。

家臣か従属関係かは、宇喜多家の領主としての在り方に左右されるが、残念ながらそれが明確にならないようである。ただ浦上家配下の段階で、自立的な領国を形成する存在であったとはみられていないので、その立場は基本的には浦上家家臣とみざるをえない。そして天正二年（一五七四）に浦上宗景に敵対し、毛利家の支援を得て自立化し、国衆化をすすめたと考えられる。さらに同五年に浦上宗景を滅亡させ、同七年に織田政権に従属し、大名化を遂げている。ただしその大名権力は、織田政権の支援を得てのことになるから、自力による大名化といえるかどうかは難しい。さしあたっては織田政権に従属する「織田大名」として存在したとみてよいであろう。

これら浦上宗景・宇喜多直家の大名化について、それをどのように評価するのが妥当かは、いまだ研究の途上にあるというのが実情であろう。関連研究は着実に進展がみられているが（大西泰正編『備前宇喜多氏』・渡辺大門『備前浦上氏』『宇喜多直家・秀家』など）、根本的な領域支配や領国支配の解明、周囲の国衆との関係の解明がまだ途上のため、実態を明確に認識できるにはいたっていない。宇喜多直家については、国衆からの大名化とみてよかろうが、大名権力の性格が、自立的な戦国大名とみることができるかどうかについては、まだ追究が必要に思われるので、本書で取り上げることは控えることにする。

そうすると国衆から戦国大名化したものとして、確実に認識できるのが、先にあげた徳川・毛利・長宗我部・竜造寺の四家ということになる。以下においては、それぞれについて、国衆としての動向、戦国大名化の過程について、簡単ながら取り上げていくことにしたい。取り上げる順番は、戦国大名化した時期に従うものとしよう。

毛利元就・隆元

安芸毛利家が戦国大名化したのは、毛利元就《もとなり》・隆元《たかもと》父子の時であった。当主は隆元であったが、父元就は「大殿」として事実上の家長として存在していた。安芸毛利家は、鎌倉時代には安芸吉田庄（安芸高田市）を本領にした幕府御家人の立場にあり、室町時代には幕府に直属する直臣として、国人の身分にあった。安芸では、応仁の乱（一四六七〜七七）よりも前から、周防《すおう》大内家の進軍があり、多くの地域がその勢力下におかれるようになっていた。毛利家はそれ以前から備後国守護・山名是豊《やまなこれとよ》と密接な関係を結んでいて、しばしばその軍事指揮下におかれた。

応仁の乱では、山名是豊は東軍に属し、毛利家もそれに従って、在京して戦っている。しかし文明三年（一四七一）に帰国すると、西軍方の大内家に従って西軍に転身した。それにともなって毛利家は、本領を一円的所領として確保し、近辺の経略をすすめ、また安芸・備後で新たな所領を獲得した。応仁の乱後は大内家・備後山名家と良好な関係を保ち、本領などのほか、大内家・山名家両者からも所領を与えられて、安芸・備後国人のなかでも有力者の一人に成長している。

これは毛利家による国衆化の動向を示していると理解できる。その頃から庶家の代表者を、当主を補佐する「執権」とする体制が成立し、同時に近隣の領主を家臣化する動向が確認されている。さらには永正五年（一五〇八）から、譜代家臣に所領を与えるようになっていることが確認されている（池享『知将毛利元就』）。これらは庶家・譜代を同列の家臣団に編成する「家中」形成の動きとみることができる。こうして毛利家は、応仁の乱後の動向のなかで、国衆化したとみることができる。

ただ中国地方では幕府の政治的影響力がまだ機能していて、毛利家は大内家と幕府管領家の細川家の抗争のなかで、去就を悩ませていた。永正四年に年少の当主興元《おきもと》（元就の兄）は元服にあたって、大内義興《よしおき》から偏諱を与えられている。このことはこの時期、毛利家が大内家に従属する国衆の立場を明確にしたことを示している。そして引き続き、本領周辺の領主の家臣化をすすめていたことが確認されている。ただ国衆としての領国は、まだ備後にも所領を有するなど、完全には一円化したものになっていなかったようである。

永正一三年に興元が死去し、大永三年（一五二三）にその子幸松丸《こうまつまる》が死去したことで、庶子であった元就が、重臣の合議をうけて家督を継いだ。元就は明応六年（一四九七）生まれの二七歳であった。兄興元・甥幸松丸の当主期には、父弘元《ひろもと》の隠居領であった多治比《たじひ》領（安芸高田市）を所領として、一門衆の立場にあった。またその年までに、安芸国衆の吉川国経《きっかわくにつね》の娘（法名妙玖《みょうきゅう》）と結婚していた。ただ、元就への相続は順調におこなわれたわけではなく、尼子家から養子を迎える意見もあったという。しかもその翌年に、弟の相《あい》合元綱《おうもとつな》を擁立する謀叛事件が起きていて、元就による相続は、必ずしも順風とはいえなかった。

家督を継ぐ以前、まだ幸松丸が当主であった時に、出雲尼子家の安芸侵攻があり、毛利家はそれにともなって尼子家に従属していた。しかし元就は、大永五年に尼子家から離叛し、再び大内家に従属した。尼子家が元就誅殺を謀っていたためという。元就は大内家による安芸での勢力回復を支援し、尼子方の国衆・天野家を大内方に転じさせるなどの働きをみせた。そして享禄二年（一五二九）に、尼子方に転じていた石見《いわみ》・安芸国衆の高橋家を滅ぼし、その領国を併合し、それについて大内家からも承認された。高橋家の領国は、石見東南部から安芸東北部にわたっていて、毛利家本領の吉田領の北隣りまでにおよんでいた。これにより元就の領国は、大きく拡大し、高田郡の大半におよぶものとなった。

その後、大内家と尼子家・安芸武田家との和睦が成立し、それをうけて享禄四年に元就は尼子晴久《はるひさ》（当時は詮久《あきひさ》、経久《つねひさ》の嫡孫）と兄弟契約を結び、同盟関係を成立させた。尼子家による備後侵攻の際には援軍を派遣している。しかしやがて備後への対応をめぐって、尼子家と対立が生じるとともに、それに対処しない大内義隆への不満を募らせるようになっている（長谷川博史『大内氏の興亡と西日本社会』）。そして天文五年（一五三六）に安芸平賀家での内訌を契機に、大内方と尼子方の和睦は破れ、尼子方による安芸侵攻がおこなわれた。元就は領国の一部を尼子家に経略されたらしい。

天文九年（一五四〇）正月に大内家が安芸に向けて進軍すると、尼子家はそれに対抗するため六月から安芸に侵攻してきた。そして九月から元就は、本拠・郡山城に尼子軍から攻撃をうけた。元就にとっては、はじめて本拠への攻撃をうけたものになる。毛利家は籠城戦で凌ぎ、翌同一〇年正月に援軍の大内軍が尼子軍に勝利したことで、尼子軍は退陣した。これをうけて安芸武田家も滅亡し、元就は大内義隆からその旧領の一部を与えられている。そして同一一年正月に大内家は尼子家の本国出雲への侵攻を開始し、同一二年二月からその本拠・出雲月山富田城《がっさんとだ》（安来市《やすぎ》）を攻撃するが、五月に敗退した。元就もこれに従軍したが、無事に帰還することができた。

ここから尼子家により安芸・備後への侵攻が展開されるが、元就は大内方の中心勢力としてその迎撃にあたっている。そうしたなかで同一三年一一月に、三男隆景《たかかげ》に安芸国衆の竹原小早川家を養子継承させている。すでに娘を東隣の宍戸元源《ししどもとよし》の嫡男隆家の妻とし、天野興定と同盟を結んで、安芸国衆との連携をすすめていた。隆景の竹原小早川家継承は、毛利家の領国を実質的に、さらに拡大するものとなった。こうして元就は、安芸・備後国衆において最有力の存在となった。

そして天文一五年の四月頃に、元就は家督を嫡男隆元に譲った。元就は五〇歳、隆元は大永三年（一五二三）生まれの二四歳であった。隆元は天文六年に大内家への人質に出され、そこで元服し、大内義隆から偏諱を与えられていた。のち、郡山合戦後となる同一〇年七月に郡山城に帰還していた。こののち元就は「大殿」として、当主隆元を補佐する体裁をとったが、実質的には依然として家長として存在した。同一六年に次男元春が安芸国衆の吉川家を養子継承することが決まり、元春は安芸国衆の熊谷信直《くまがいのぶなお》の娘と結婚した。そうして安芸国衆との政治関係をさらに強化した。

ところがその頃から、大内家では家宰の陶隆房《すえたかふさ》（のち晴賢《はるかた》）が当主義隆を廃すクーデターの準備がすすめられていた。天文一八年二月に元就は大内家の本拠・山口（山口市）に参府したが、そこで陶隆房から叛乱への与同を働きかけられている。その一方で、当主隆元は大内家家老の内藤興盛の娘と結婚した。同一九年二月に、元就は次男元春を吉川領に入部させて、その領国を完全に併合し、また三男隆景を、さらに小早川家の本家筋の沼田小早川家の婿養子に入れている。こうして毛利家は、吉川家・両小早川家の領国をも事実上、併合した。そのうえで同年五月、家老の井上元兼とその一族を誅殺し、家臣団から元就の裁定に服従する旨の起請文を提出させ、家中支配を強化している。

天文二〇年八月に陶隆房は当主義隆に叛乱し、義隆・義尊《よしたか》父子を殺害し、義隆の甥にあたる、豊後大友義鑑《よしあき》の次男晴英《はるひで》（義鎮《よししげ》の弟）を新たな当主に擁立した。毛利家は陶隆房に味方し、安芸南部の制圧に尽力し、その褒賞として佐東《さとう》郡のほとんどを獲得している。また安芸国衆の平賀家との同盟を成立させた。毛利家は引き続いて、陶晴賢が主導する大内家の従属下にあり、その指示のもと備後の経略を担った。ところがその戦功への対価が十分でないことから、同二二年（一五五三）一二月から、毛利家では大内家からの離叛を検討するようになる。ただ元就は、陶晴賢への義理立てを尊重する意見であったが、当主隆元は強く手切れを主張したらしい。結局、隆元らの意見が通った。

そして同二三年に入ると、毛利家とそれに同調する安芸国衆は、大内家からの参陣要請に応じなくなった。そして五月に大内家に敵対し、安芸南部の大内家領国を経略した。六月には陶晴賢から派遣された軍勢を撃退し、さらに安芸西部を経略した。これをうけて陶晴賢は、翌弘治元年（一五五五）になって、大内本軍を率いて安芸に向けて出陣した。そして九月に晴賢は安芸に進軍し、厳島に在陣した。これに対して毛利軍は九月晦日に厳島に上陸、翌一〇月一日に大内軍を攻撃し、これに勝利し、しかも陶晴賢を戦死させた。そして以後、大内家領国の経略をすすめていった。

ここに毛利家は、ようやく大内家の従属下の立場から脱して、自立した。すなわち戦国大名となったといえる。これにともなって安芸・備後両国を領国とし、国衆たちとの関係はそれまでの同盟関係から、統制・従属関係に変化した。そして大内家領国の経略も、それから一年以上経った弘治三年四月に、大内義長《よしなが》（もと晴英）を滅亡させることで果たした。これにより大内家領国を併合し、毛利家は一躍して、安芸・備後・周防・長門《ながと》四ヵ国を領国とする大規模戦国大名に成長するのであった。この時、元就は六一歳、当主隆元は三五歳であった。

毛利家の戦国大名化は、大内家からの離叛、それへの勝利によるものであった。すでに毛利家は、安芸・備後において最大の勢力を形成する存在になっていた。大内家から自立し、それに味方した両国の国衆を従属させる立場になり、さらに大内家の領国は大規模であったため、それを併合することで、毛利家は大内家に取って代わり、一躍して中国地方の大規模戦国大名へと成長した。ただし、その時の当主はあくまでも隆元であった。しかも陶晴賢への敵対は、隆元の意見によるものであった。隆元が自らの意見を通さなかったなら、果たして大内家からの自立が実現したかどうかわからない。

徳川家康

「天下人」となり、江戸幕府という新たな統一政権を樹立した徳川家康も、国衆の出身であった。家康はもとの名字は松平氏を称していた。松平氏は、室町時代後半から登場してくる新興の領主で、幕府政所頭人（長官）の伊勢家の家臣になることで、政治的に台頭した。その頃から数家に分立するようになり、応仁の乱後には、伊勢家家臣の大給《おぎゅう》家と岩津《いわつ》家、および大草《おおくさ》家が中心にあったと考えられている。そして岩津家の庶家として安祥《あんしょう》家が成立し、これが家康の出身家系にあたる。

永正三年（一五〇六）に駿河今川家の侵攻により、岩津家が滅亡すると、安祥松平長忠《ながただ》（安祥家二代）はその旧領を獲得したようである。同一七年頃に、長忠は庶子の信定を惣領に据え、刈谷《かりや》水野家や今橋《いまはし》牧野家と連携したらしい。さらに信定は、尾張清須織田家に従って、同国守山に拠点を与えられ、清須織田家一族の織田信秀の妹と結婚した。信定の兄でそれ以前に当主であった信忠は、庶家の立場に退けられたらしく、その長男の清康は、安祥家の庶家として、山中《やまなか》城（岡崎市）に在所したとみられている。

清康の実名は、三河吉良庄（西尾市）の領主で足利氏御一家筆頭の吉良家の一族の、東条吉良持清《もちきよ》から偏諱を得たものであった。惣領信定の嫡男清定も同様であったから、この時期、松平氏は東条吉良家を主人に仰いでいた可能性が想定されている。清康は大永七年までに、大草家惣領の岡崎松平家の婿となって、その家督を継承し、岡崎城（岡崎市）を本拠にした。これにより安祥家庶家としての岡崎家を成立させた。しかし天文四年（一五三五）、安祥家に従って尾張守山に出陣した時に、家臣に殺害された。その嫡男千松丸《せんまつまる》（のち広忠）は、家臣に連れられて吉良持広《もちひろ》（持清の子）を頼り、その伊勢国の所領に没落した。そして本拠の岡崎城は、惣領信定に接収されてしまった。

　広忠は、天文六年に東条吉良家や叔父信孝の支援を得て岡崎城に復帰し、すぐに信定が死去すると、逆にその所領を接収し、岡崎家・安祥家を統合した。この頃には、広忠は三河における有力国衆として存在したとみることができる。それに対して同九年に、尾張織田信秀から安祥城（三河安城市）に攻撃をうけたが、撃退した。ちなみに広忠の実名は、吉良持広の偏諱を得たものとみなされている。またこの頃に、叔父信孝の斡旋で織田方の尾張緒川水野妙茂《ただしげ》（いわゆる「忠政《ただまさ》」）の娘於大《おだい》を妻に迎え、織田方と和睦したとみられている。そうして同一一年に嫡男竹千代が生まれる。すなわち家康である。

　しかしその直後、広忠は、今川家への対応方針をめぐって叔父信孝と対立し、信孝が織田家を頼ったため、織田家と敵対関係になった。それにともなって妻の於大を離縁し、代わって三河田原《たはら》戸田《とだ》宗光《むねみつ》の娘と結婚した。しかし戸田家は今川家と対立していたため、これにより広忠は今川家とも敵対関係になった。同一六年に織田信秀の攻撃をうけて、安祥城を攻略された。そのため広忠は、今川家に従属する。これにより以後、三河領有をめぐって今川家・織田家の抗争が展開された。

この頃のこととして、広忠は今川家に従属し、竹千代を人質として出したが、織田方の戸田家の策略によって、竹千代は織田家に送られたという。ところが同一八年（一五四九）三月に広忠が死去してしまった。今川家は、同年に安祥城を織田家から攻略し、これをうけて竹千代は今川家に引き取られ、今度は今川家への人質として、今川家の本拠・駿府（静岡市）に送られ、人質生活を余儀なくされたとされている。しかし、これらの所伝は、長く人口に膾炙してきたものであるが、残念ながらいずれも事実ではない。それらは江戸時代に作成されたもので、江戸幕府の創始者たる家康の生涯の過酷さを演出し、かつ今川家からの離叛を正当化するため、創り出されたとみなされている。

実際のところについては、近年になって急速に解明がすすめられている。天文一六年八月頃の時点で、今川家は松平家への支援として三河に進軍したが、織田軍に敗北したらしい。それにより三河では織田信秀の勢力が強まり、広忠も織田家に従属したとみなされるほどであった。しかし広忠の織田家従属は確かではなく、その直後の九月には、今川家に従属した可能性が高いとみなされている。その際に今川家は、竹千代の軍事行動を支援している。ここで注目されるのは、軍事行動の主体が、広忠でなく竹千代とされていることである。このことから松平家は、今川家への従属に際して、広忠から竹千代に家督が交替されたことが想定されている（小林輝久彦「「駿遠軍忠衆矢文写」についての一考察」）。

このような動向については、可能性はかなり高いと考えられる。そうであれば竹千代は、今川家に従属した時点で、岡崎松平家当主の立場にあったことになる。また織田家に人質にとられたことについては、当時の史料に一切その痕跡をみることはできず、その後の状況を勘案すると、それは事実ではなかった可能性が高い。父広忠の死は、病死とも家臣に謀殺されたとも伝えられる。竹千代がすでに松平家当主であったとしても、実際の領国支配は広忠がおこなっていた。しかしその死去により、領国支配をおこなえる存在はいなくなった。そのため岡崎領は今川家に接収され、その直接支配下におかれた。しかしこれは今川家による領国併合ではない。戦国大名は、従属下の国衆が当主不在になると、その後継者が確立するまで、その領国を保護下におくことがあり、この場合もそれにあたるとみなされる。

その後、竹千代は今川家に引き取られ、しかも今川家の本拠・駿府に送られて、同地で生活することになる。その時期については不明だが、同一八年九月の時点で、今川方としての竹千代の存在は確認されているものの、その在所についてては明らかではない。江戸時代の所伝では、同年一一月の今川軍による安祥城攻略後に、竹千代は今川家に引き取られたとしている。この駿府行きについても、かつては今川家への人質とみられていたが、近年では今川家による保護とみなされている。そうであれば、父広忠の死去にともなうものであったとみることもできる。これら竹千代の駿府行きまでの動向については、今後もさらに追究が深められていくことであろう。

そして弘治元年（一五五五）に一四歳で元服し、今川義元から偏諱を与えられて松平元信を名乗った。これによりその立場は、岡崎松平家の当主として確立した。そして同二年頃に、今川家御一家衆の関口氏純の娘（築山殿《つきやまどの》）と結婚し、今川家御一家衆に準じる立場になっている。同三年からは領国支配のための発給文書を出すようになっている。そして永禄元年（一五五八）には、実名を元康に改名している。「康」字は祖父清康から継承したものであった。

こうして元康は、岡崎領の国衆である松平家の当主として存在し、その領国支配もおこなっていた。しかし領国支配は、今川家の保護をうけ、その在城衆が派遣されていた。元康は駿府に居住を続けて、領国支配は在国の家臣によっておこなわれるという状態にあった。ただ今川家においては、御一家衆は駿府在府が基本であったから、これは元康に限られた状況ではなかった。ところが永禄三年五月の尾張・桶狭間合戦で今川義元が戦死し、今川家の軍事力の減少や三河の政治情勢が不安定化したことで、今川氏真《うじざね》（義元の子）から岡崎領への入部を認められ、今川家の在城衆は退去し、ここに国衆として自立的な領国支配を確立した。

当初は今川方として、織田方の尾張国衆と抗争していたが、西三河国衆で織田方に応じるものが出てきた。今川家からの支援は実現されず、そのため元康は、翌同四年二月に、母方叔父で織田方国衆であった刈谷水野信元の仲介により、織田信長（信秀の子）と和睦した。そのうえで同年四月、今川方の東条吉良家、牛久保牧野家を攻撃し、今川家から離叛して自立化を図った。同六年には今川義元からの偏諱を捨てて、実名を家康に改名した。これは今川家からの完全な自立宣言であったとみなされる。

ところが同年に、領国内の一向宗寺院が叛乱し、これに家臣なども同調するという、「三河一向一揆」が起きた。同七年二月に、水野信元の仲介で和睦を成立させる。その後は、幡豆《はず》小笠原家を従属させ、桜井松平家・東条吉良家を没落させ、大給松平家と和睦するなど、西三河を領国化する。同時に作手《つくで》奥平家や二連木《にれんぎ》戸田家などを従属させ、東三河にも領国を拡大した。こうした段階で、家康は、自立的な領国支配を展開し、他の国衆を従属させる存在となったといえ、戦国大名化したとみることができるであろう。

その後は、同八年に、今川家の東三河支配の拠点であった吉田城（豊橋市）・田原城（田原市）を攻略し、今川家勢力を三河から排除した。続いて同九年五月に、牛久保牧野家を従属させた。これにより家康は、織田領国となっていた西三河の高橋郡・碧海《へきかい》郡西部を除き、ほぼ三河一国の領国化を遂げるのである。これをうけて家康は、その立場を中央の政治秩序に反映させることを図り、幕府将軍家が不在のため、摂関家近衛前久《このえさきひさ》（もと前嗣）を通じて朝廷から、同年一二月に、源姓から藤原姓への改姓、名字を松平氏から徳川氏への改称、そして三河国主を示す三河守任官を獲得するのであった。こうして三河の戦国大名・徳川家康が誕生をみるのであった。

長宗我部元親

土佐長宗我部家が戦国大名化したのは、長宗我部元親の時になる。戦国時代以前の長宗我部家の動向はほとんど不明であり、土佐国衙《こくが》の在庁官人の子孫の可能性が想定されていて、南北朝時代には存在が確認されている。室町時代には、土佐国守護を兼ねる幕府管領家の細川京兆家の在国家臣であったとみられている。同家の動向が確認できるようになるのは、ようやく父国親の時からになる。細川京兆家の分裂にともなってか、土佐でも戦乱がみられ、国親の幼少時の大永元年（一五二一）頃に、近辺の国人から攻撃され、本拠の岡豊《おこう》城（南国市）から没落し、土佐の有力勢力であった一条房家《いちじょうふさいえ》を頼ったという。そして一条房家の仲介によって、岡豊城への復帰を遂げたという。

天文三年（一五三四）から所領支配のための発給文書が残るようになっていて、同一六年になると、所領は東方に拡大して、長岡郡・香美《かみ》郡南部におよんでいたことがわかっている。これらは細川京兆家の内乱（細川氏綱と同晴元の抗争）に連動して、敵方の所領を経略したり、服属させたことによると考えられている。どうやらこの時点で、長宗我部国親は晴元方の代表的存在に成長していたらしい。そうして弘治二年（一五五六）頃には、京兆家細川家の家臣の立場にありながらも、長岡・香美両郡に段銭《たんせん》（田地に賦課する租税）を賦課するほどまでになっていたようだ。

その頃から安芸郡の安芸家と、次いで永禄元年（一五五八）頃から長岡郡北部の本山家との抗争を展開している。これは互いに、国衆として領国を形成することにともなっての、国衆同士の抗争とみることができるであろう。長宗我部家は、この頃には、独自の領国を形成する国衆として成立していた、と考えてよいように思う。しかし同三年六月に国親は死去し、嫡男の元親が家督を継いだ。元親は天文八年（一五三九）生まれの二二歳で、母は本山家の娘であった。父の生前からその本山家と抗争していたが、元親の家督継承後も、同様であった。その本山家は、土佐郡・吾川《あがわ》郡・高岡郡に勢力をおよぼしていたから、有力国衆として存在していたとみなされる。

元親は、永禄六年（一五六三）に土佐郡南部を経略して、姉婿にあたる本山茂辰《しげとき》を本拠本山城に後退させ、幡《は》多《た》郡の土佐一条家と連携し、一条家は高岡郡南部を経略した。そして同一一年になって、ようやく本山家を降伏させている。その間の同九年頃に、元親はその一条家に援軍を派遣している。一条家は、摂関家一族として高い家格にあり、本拠の幡多庄を中心に、幡多郡・高岡郡を領国化し、さらに他の土佐国衆を従属させるようになっていた。そうして伊予南部に侵攻するようになっていた。元親はそれに援軍を派遣したのであった。これは元親が、一条家の配下的存在になっていたことを意味している。

永禄一二年に、安芸郡の安芸家を滅亡させ、東端部を除く同郡を領国に編成した。これにより元親は、ほぼ土佐東部の領国化を遂げるものとなった。そしてその直後から、土佐西部を領国としていた一条家との抗争を展開した。これは、それ以前に一条家が安芸家を支援したため、断交したことによるとみられている。元親は高岡郡に侵攻し、元亀三年(一五七二)頃には、同郡の国衆の津野家・佐竹家を従属させ、高岡郡の経略を遂げた。土佐で領国化をみていないのは、一条家の本拠の幡多郡のみになった。

この時点で元親は、本山家や津野家などを従属させ、安芸家を攻略して、幡多郡を除く土佐の大半を領国化したものになっている。経略した安芸郡には、弟で香美郡の香宗我部《こうそかべ》親泰《ちかやす》を派遣している。また土佐郡・吾川郡の国衆の吉良家についても、本山家を後退させた後に弟親貞に継承させている。このような状況からすると、本山家を従属させ、安芸家を攻略し、さらに目上の存在であった一条家に敵対した頃をもって、元親は戦国大名化を遂げた、とみることができるであろう。以後の元親は、自立した領国支配を展開していくのである。

その一条家とも、天正元年（一五七三）に和解が成立する。摂関家一条家の当主内基《ただもと》が土佐に下向してきて、土佐一条家について、当主の兼定《かねさだ》（房家の曾孫、内基の従兄弟房基の子）を隠居、豊後大友家のもとに退去させ、その子内政《ただまさ》が当主に据えられ、その庇護を元親が担うことになった。そして元親は内政を娘婿とし、本拠の幡多郡から長岡郡大津城（高知市）に移し、その本拠には弟の吉良親貞を派遣した。これは一条家の領国を事実上、併合したことを意味している。

ただ土佐一国の安定的な支配の確立には、まだ時間を要した。天正三年三月に安芸郡東部制圧をすすめるが、この地域は阿波との関係が深く、そのため同年七月に阿波への侵攻が展開される。同じ頃に一条兼定が幡多郡に復帰してきたものの、同年九月にこれを撃退し、再び土佐から退去させた。これによって元親は、幡多郡の領国化を遂げて、ようやくに土佐一国の平定を達成したのであった。

そして元親は、その年の阿波南部への侵攻を皮切りに、これ以後、讃岐・伊予と立て続けて国外の経略をすすめていくことになる。それにともなって、阿波三好家、中国地方の毛利家という、国外の大名権力との抗争が本格化していくのであった。

竜造寺隆信

肥前竜造寺家が戦国大名化したのは、竜造寺隆信《たかのぶ》の時になる。竜造寺家は、肥前佐嘉《さが》郡竜造寺村（佐賀市）を本領とし、鎌倉時代には小地頭（国御家人、東国御家人の地頭の配下）として存在し、室町時代には幕府直臣の立場にあったとみられている。九州北部では南北朝時代から戦乱が続いていて、応仁の乱が始まる以前には、基本的には周防大内家と肥前少弐《しように》家の抗争のかたちになっていた。そのなかで竜造寺家は、九州探題渋川家、次いで少弐家の軍事指揮をうけていたようである。

竜造寺家の動向については、実際には隆信の動向がみられるようになるまでは、当時の史料がほとんどなく、不明なところが多い。隆信の動向についても、他の史料で確認されることは少なく、多くを近世成立の軍記史料・伝記史料に拠っているのが実情であり、実際のところは定かでないといわざるをえない。そうしたなかで近年、少しずつではあるがその実像の解明がすすめられてきている。

竜造寺家は、延徳・明応年間（一四八九～一五〇一）には、少弐家に従っていた肥前の有力国衆、小城《おぎ》郡の千葉家に従属する立場にあった、とみられる。当主代々は、千葉家から偏諱を得ており、文亀二年（一五〇二）には千葉家の推挙で幕府将軍から所領を与えられ、また永正二年（一五〇五）には千葉家から所領を与えられている。享禄年間（一五二八～三二）になると、千葉家は大内家に従ったとされ、それによるのか、竜造寺家は少弐家に直属するようになったらしい。天文一二年（一五四三）に肥前千栗《ちりく》八幡宮に少弐冬尚《ふゆひさ》が奉納した梵鐘に、少弐家の一族・譜代重臣と並んで、竜造寺家とその一族の名がみえている。これをみると、この時には竜造寺家は少弐家の家臣になっていた、といってよいであろう。

竜造寺家は、延徳・明応年間頃に、本家の村中家に対し、分家として水ヶ江《みずがえ》家が成立した。隆信はその水ヶ江家の出身であった。水ヶ江家当主の家兼《いえかね》（法名剛忠《ごうちゅう》）の長男家純《いえすみ》の長男周家《ちかいえ》の子、すなわち家兼の曾孫で、享禄二年（一五二九）生まれ、母は本家の胤和《たねかず》（家兼の兄家和の子）の娘（慶誾尼《けいぎんに》）であった。七歳の時の天文四年（一五三五）に出家し、中納言円月《えんげつ》を称したという。同一四年に竜造寺家は少弐家と対立関係となり、それとの抗争で、水ヶ江家では祖父家純・父周家ら一族のほとんどが戦死したという。

同一五年三月に家兼が死去した。近世史料では、家督は次男家門《いえかど》の次男鑑兼《あきかね》と遺言したが、一族・家臣の合議により、円月が当主に決められ、元服して実名胤信《たねのぶ》を名乗った、と伝えられている。一八歳であった。しかし実際には、水ヶ江家は、すでに家兼の次男家門に継承されており、その家門も、家純・周家と同時に戦死していて、その家督は家門の次男鑑兼に継承されていたことが確認されている（鈴木敦子「龍造寺隆信の龍造寺家家督継承問題」）。鑑兼の実名は、豊後大友義鑑から偏諱を得たものとみなされるので、鑑兼は大友家に従う立場にあったことがうかがわれる。

したがって隆信（胤信）は水ヶ江家の家督を継承していなかったとみなされている。しかも水ヶ江家の所領は、家兼により、家督の鑑兼と、家純の家系に二分されたらしい。その家純の家系の継承者は、周家の弟純家の系統であった。そのため隆信は、水ヶ江家のなかでも、あくまでも庶子の立場にあったにすぎない。またこの時点で、還俗していたのかどうかもわからない。

近世史料では、隆信は水ヶ江家に続いて、本家の断絶後にその家督を継承したと伝えている。本家では、同一五年正月に少弐家の攻撃により、本拠の佐嘉城（佐賀市）から没落し、その後に大内家に従属し、その支援をうけて同一六年には、小城千葉家とともに、少弐家を筑後国に没落させたという。しかし同一七年に、当主の胤栄《たねみつ》（胤和の弟胤久《たねひさ》の子）が、娘を残すのみで死去した。一族・重臣では、後継当主に、胤栄の弟家就《いえなり》を推すものと、水ヶ江家の胤信（隆信）を推すものとがあったが、氏神の竜造寺八幡宮での籤《くじ》占いにより、胤信に決まった。そして胤信は、胤栄の後室（大叔父家門の娘）を妻に迎え、娘を養女とし、竜造寺本家の家督を継承した。これにより竜造寺家は一つにまとまり、胤信は合わせて七千余町の所領を領有することになったという。

これについては、胤栄は生前のうちに、胤信を後継者に取り決めていたことが確認されている。胤信の還俗は、この時の可能性が高いとみられる。胤栄がなぜ胤信を後継者に迎えたのか理由は判明していないが、考えられるのは、嫡流の叔父家和の嫡女慶誾尼の長男であったことであろう。それでも胤栄には複数の弟があったこと、さらに胤信の出身家系の水ヶ江家も存在していたことからすると、胤信が後継者に決められた経緯には、もっと複雑な事情があったに違いない。分家の庶子で、しかも出家の身にあった胤信が、いきなり母の血縁をもとに本家の家督を相続することになったのである。そこには何か事情があったとみるのが自然のように思われる。

そして同一九年七月一日に、胤信は大内義隆から偏諱を与えられ、実名を隆信に改名した。これは大内家の権威を背負うことで、竜造寺家当主の地位を確立しようとしたものであろう。こうして「竜造寺隆信」が誕生した。

この時点での隆信は、本拠佐嘉城を拠点にした領国を形成する国衆として存在していたとみてよいであろう。そして大内家に従属する立場をとっていた。ところが同二〇年に大内家では陶晴賢のクーデターがあり、それに乗じて、家臣が水ヶ江家の鑑兼を擁立する叛乱があり、隆信は一時、筑後への退去を余儀なくされた。隆信は大友義鎮（義鑑の子）に従属する筑後国衆の支援を得て、同二二年七月に本拠への復帰を果たし、反対勢力を鎮圧した。そのうえで水ヶ江家を継いでいた鑑兼を隠遁させ、弟家信に同家を継承させ、さらに同二三年に大内義長から偏諱を得て、長信に改名させたという。

その大内家は、弘治三年（一五五七）に安芸毛利家によって滅亡し、その領国は毛利家に継承された。隆信は、今度は毛利家に従属したという。そして永禄二年（一五五九）に、小城千葉家とともに、少弐冬尚を自害に追い込み、同家を滅亡させたという。ところがその後、大友宗麟《そうりん》（法名、もと義鎮）が肥前での争乱に介入し、国衆を従属させ、隆信もその従属下に入ったとみられている。こうして肥前は大友家の領国に編成され、その状況は天正六年（一五七八）まで続いたことが確認されている（堀本一繁「龍造寺氏の戦国大名化と大友氏肥前支配の消長」）。

その間は、隆信も基本的には大友家の従属下にあった。しかしそのなかで大友家からの自立を図っていたようである。そして元亀元年（一五七〇）九月に今山《いまやま》合戦を戦っている。この合戦は、近世史料では、隆信の勝利と伝え、大友家からの自立を果たした合戦として位置付けられてきたものになる。ところが実際には、合戦には勝利したようであるが、在陣する大友軍を排除できたわけでなく、和睦を余儀なくされて、それにより再び、大友家に従属したのであった。

けれども隆信は、元亀二年に神埼《かんざき》郡の江上《えがみ》家を養子縁組して吸収し、天正二年には杵島《きしま》郡の平井家を滅亡させてその所領を併合するなど、領国の拡大をすすめていた。同年には大友家から討伐の対象とされて、肥前東部に進軍してきた大友軍と対峙している。その抗争は同五年九月まで継続したが、筑後国衆の蒲池《かまち》家の仲介により、和睦を成立させた。このように隆信は、大友家に従いながら、大友方の近隣の国衆と抗争を続け、大友軍に攻撃されたら大友家と和睦する、という動向を繰り返していた。

そして隆信は、この頃から肥前西部の国衆の経略をすすめ、同三年頃には、松浦隆信《まつらたかのぶ》・大村純忠《おおむらすみただ》などを次々に従属させている。隆信は大友家に従属する国衆であったが、その一方で、他の国衆を従属させる立場になっていた。同五年には杵島郡の後藤家を養子縁組して吸収している。こうした隆信の立場は、他の肥前国衆を従属させているものとして、戦国大名化を遂げたものとみることができる。隆信はさらに、同六年には肥前一国の経略を遂げ、大友家が日向耳川《ひゅうがみみかわ》合戦の敗北で九州北部での政治的影響力を弱めると、ついに大友家からの自立を遂げた。そしてその後は、一転して国外の領国化をすすめて、大友家・島津家という大規模戦国大名との抗争を展開するのであった。

国衆から戦国大名化の特徴

これらの国衆から戦国大名化を遂げた存在が、戦国大名化できたことに関して、何か特徴をみることができるであろうか。最後にそのことについて触れることにしたい。

国衆から戦国大名に成長した存在として、四つの事例をあげた。そのなかで性格が大きく異なっているとみなされるのが、長宗我部元親の場合である。元親の場合、土佐国には戦国大名は存在せず、また近隣の阿波・讃岐・伊予各国にも、戦国大名の存在はみられなかった。元親による戦国大名化は、近隣の国衆との抗争を通じたものであり、やがてそれら土佐国衆を従属させたことで遂げたものと理解できる。この状況はちょうど、他の地域では戦国時代前期にみられた、戦国大名の成立の状況と同質の事態と認識することができると思われる。

土佐国では、室町時代以来の守護（「国主」）が在国していない状況にあった。他方において、その国主が幕府管領家であったことから、畿内との政治関係が比較的に維持されていた。そのような事情により、国衆の成立、さらにそれらを統合した戦国大名の成立は、他の地域よりも時期が下って展開された、とみることができるかもしれない。

長宗我部元親以外の、毛利元就・隆元、徳川家康、竜造寺隆信の事例に共通しているのは、いずれも数ヵ国を領国とした大規模な戦国大名の境界領域に存在したことであろう。さらにはそうした大規模戦国大名から自立したことで、自らが戦国大名化したということであろう。

毛利家は、周防大内家と出雲尼子家のそれぞれの領国の境界地域にあり、いずれの大名家にも従属の経験があった。そして毛利家の安芸国においての領国拡大は、大内・尼子両家の抗争のなかですすめられたものであった。毛利元就・隆元の戦国大名化は、それまで従属していた大内家から自立し、それとの抗争のなかで近隣の安芸・備後国衆を従属させることで遂げられた。さらにはそれからわずかのうちに、大内家を滅亡させ、その広大な領国を経略したことで、毛利家自体が、一躍して大規模戦国大名へと転じたものであった。

徳川家康も、大規模戦国大名であった駿河今川家と、尾張で戦国大名化をすすめていた織田家の抗争がみられたなか、その境界地域に存在した。家康は今川家に従属する立場にあったが、今川家の軍事支援が得られなくなったことをうけて、織田家と和睦のうえで、今川家から自立し、逆に今川領国の経略をすすめていき、戦国大名化したものになる。家康が近隣の今川方の国衆や、今川家の管轄地域の経略をすすめた際、ちょうど今川家では遠江国衆の叛乱（「遠州《えんしゅう》忩劇《そうげき》」という）のため、三河に軍事行動できないでいた。家康の戦国大名化は、今川家から報復をうけなかったことで、遂げられたものと理解できる。

そして家康は、その後は今川家滅亡にともなって遠江を、武田家滅亡にともなって駿河を、そして天正壬午の乱にともなって甲斐・信濃を領国化し、大規模戦国大名へと展開するのであった。この間、家康は常に大規模戦国大名同士の境界地域に存在した。逆にそうであったからこそ、戦国時代の終盤の時期において、それだけの領国の拡大を果たすことができたといえる。

竜造寺隆信も、周防大内家、次いで安芸毛利家と豊後大友家という大規模戦国大名の境界地域に存在していた。肥前国における領国拡大は、それらの大名同士の抗争のなかですすめられた。その戦国大名化は、大友家からの攻撃が実現されなかったことで、遂げられたものであった。そして逆に、肥前国衆をすべて従属させると、今度は大友家や薩摩島津家という大規模戦国大名との抗争を展開し、そのなかで他国の領国化をすすめて、自らが大規模戦国大名へと成長するのであった。

徳川家康と竜造寺隆信の場合をみると、それまで従属していた大規模戦国大名からの報復がなかったことで、自らの戦国大名化が実現したことが認識できる。報復がおこなわれなかったのは、その大名がおかれていた政治状況によるにすぎず、それは偶然のタイミングであったが、そうした状況がみられたこと自体、何よりの幸運といわざるをえない。両者が、他の国衆と異なって、戦国時代の後半に、戦国大名化を遂げることができたのは、そうした事情が背景にあったからと認識される。そうすると毛利家の場合は、きわめて特異であったといえる。大規模戦国大名家に敵対し、それとの全面戦争に挑み、勝利によって獲得したものであった。しかしそれは結果論でもある。もし敗北していたら、滅亡の可能性も高かったことを思えば、それだけ毛利家の行動は、後のない決死のものであり、幸運にもそれに成功したものといえよう。

おわりに――戦国の終焉と国衆の行方

国衆という存在は、戦国時代が終わるとともに姿を消した。そのことは戦国大名についても同様であった。戦国大名と国衆という、戦国時代に誕生した領域国家は、戦国時代の終焉とともに、その姿を消した。その戦国時代の終焉とは、新たな統一政権である羽柴(豊臣)政権の展開にともなうものであった。そもそも羽柴政権の成立と展開は、諸国の戦国大名と国衆を服属させることですすめられたものであった。

羽柴政権は天正一三年(一五八五)に、羽柴秀吉が関白に任官したことで正式に成立をみた。その時点で諸国に存在した戦国大名は、南部・伊達・最上(山形)・芦名・佐竹・里見・北条・上杉・徳川・毛利・長宗我部・大友・竜造寺・島津などであった。羽柴政権はその後、同一八年の小田原合戦とそれにともなう宇都宮仕置にかけて、それら戦国大名を従属させ、あるいは滅亡させることで、「天下一統」を成立させ、列島全域を支配下におさめる統一政権として展開した。

それらの戦国大名は、羽柴政権に従属したことによって、その大名統制策である「惣無事」論理により、独自の戦争権は凍結され、その性格を大きく変化させた。徳川・上杉・毛利など、領国の範囲は変わらなくとも、また領国統治を自力でおこなったとしても、それまで領国の維持は外部との戦争によって遂げていたのであったが、戦争権を凍結されたことで、それは政権の保証によって遂げられるものとなった。このように羽柴政権の保証のもとで、存立を遂げる大名権力については、「豊臣大名」と位置付けている。

では国衆はどのような運命を辿ったであろうか。天正一四年に越後上杉景勝と遠江徳川家康は、相次いで羽柴秀吉に出仕し、それへの従属関係を確立させた。その時点で信濃には、国衆として木曾義昌・小笠原貞慶・真田昌幸・松平依田康国・諏方頼忠・保科正直らがあった。それらは天正壬午の乱以来、上杉家と徳川家のいずれかに従属する立場にあり、羽柴秀吉が徳川家の従属をすすめるなかで、木曾・小笠原両家は秀吉に直接に従属するようになっていた。

羽柴政権は、徳川家の従属が確定すると、木曾家・小笠原家、そして翌年に秀吉への出仕を遂げた真田家について、徳川家に付属させ、その与力大名とした。その立場は、羽柴政権に直属する「小名」と位置付けられるとともに、大規模大名の政治統制下におかれるものとなった。また徳川家には、その時点で、国衆として自立的な領国支配を認められていた存在に、三河奥平家と信濃でも松平依田・諏方・保科家の他に菅沼家があった。徳川家も領国の外縁部に国衆家を抱えていたのである。

ところが徳川家は、小田原合戦後の関東仕置により、領国は関東八ヵ国に転封となった。それにともなって与力大名の木曾・小笠原家、それに国衆として存在していた松平依田・諏方・保科・菅沼・奥平家はすべて徳川家とともに転封され、所領は徳川家から与えられて、徳川家の譜代家臣に編入された。徳川家の与力大名で唯一、徳川家の家臣に編入されず、領国がそのまま維持されたのが真田家であった。真田家は羽柴政権に直属する「小名」としての立場を認められたのである。

関東でも、北条家に従っていた国衆は、基本的にはすべて北条家とともに改易された。ただし下野佐野家は、秀吉の直臣になっていた佐野家一族の天徳寺《てんとくじ》宝衍《ほうえん》に継承が認められ、領国を維持されて、羽柴政権に直属する「小名」となった。また下野皆川家は、領国は徳川家の領国とされ、徳川家の家臣になったことで事実上、領国を維持した。佐竹家に従属していた常陸の国衆は、すべて佐竹家の家臣に編入され、佐竹家がそれらへの政治統制を確立させる過程で、水戸江戸家・石岡大掾《だいじょう》家などを滅亡させ、また国衆の領国を転封させて、譜代家臣化がすすめられた。陸奥南部の伊達家でも、従属下にあった白川家・石川家・田村家については、伊達家の家臣に編入された。陸奥南部の国衆で、羽柴政権に直属する「小名」の立場を認められたのは、岩城家と相馬家だけであった。

このように国衆は、羽柴政権に服属したことをうけて、それまで従属していた、もしくは付属されていた「豊臣大名」の譜代家臣とされるか、政権に直属する「小名」となるか、いずれかの途をとったのであった。いずれの途がとられるのかは、基本的には羽柴政権の戦略によるにすぎず、そこに国衆の側の主体性は、ほとんどみられることはなかった。羽柴政権に直属する「小名」となった場合、領国支配についてはそれまでと同様に、自力でおこなった。しかし政治・外交関係においては、政権の統制下におかれた。「豊臣大名」の譜代家臣となった場合、多くは領国そのものも転封され、所領はその大名から新たに与えられた。たとえそこで自立的な所領支配を実現できたとしても、それはあくまでも、その大名家における政治秩序に基づくものであり、その大名家からの承認・保証のうえでのことであった。

羽柴政権による「天下一統」は、列島地域における戦場を閉鎖するものであった。国衆は、戦乱の時代のなかで、自力により領国統治を実現し、政治・外交関係を主体的に選択することで、その存立を維持したものであった。統一政権の成立によって、国衆が備えていた独自の政治・外交関係は封印されることになり、それにともなって国衆という存在は消滅したのであった。国衆であった領主家は、「豊臣大名」「江戸大名」という領国大名家の重臣として、その家政において重きをなしていくか、「小名」として小規模な領国大名として存在していくのであった。

あとがき

本書は、戦国時代の列島各地に存在した、「国衆」という領域国家の性格について、本格的に解説しようとしたものになる。すでに本文に示したように、ここでいう「国衆」とは、一般名詞や史料用語にとどまるものでなく、概念用語としてのそれである。それは「戦国大名」という概念用語に対応する性格にある。この「国衆」という概念は、私が今から三〇年ほど前となる、一九九〇年代に構築してきたものになる。その後、この概念は、戦国社会を認識するうえで、とりわけ各地域に存立した領域国家の性格をとらえるうえで、有用な装置として多くの研究者に受け容れられてきていると思われる。

とはいえ私自身が、これまでに、「国衆」論を解説した一般向けの著書を執筆したことはなかった。そうしたところに、平凡社新書編集部の進藤倫太郎さんから、国衆について解説した著書の執筆を依頼された。考えてみれば、言い出しっぺにもかかわらず、そのことについて本格的に解説してはこなかった。もちろん拙著『戦国大名——政策・統治・戦争』（平凡社新書）では、第五章「戦国大名と国衆」として、国衆について取り上げているが、それはあくまでも戦国大名からみた、国衆との関係であった。国衆そのものに視点を据えたものを、まだ一般向けには書いていなかった。そこでそのご依頼をお請けして、本書を執筆したのである。奇しくも、私は先に、平凡社新書として、その『戦国大名——政策・統治・戦争』を刊行していた。ここにいま、国衆についての書籍を同じ平凡社新書から刊行することになった。戦国大名と国衆という、戦国社会を基本的に構成した領域国家についての概説書を、平凡社新書で揃えることができたといえる。

しかし内容をどうするかについては、少し考えた。国衆は戦国大名と同じく、領域国家として存在したから、その側面について具体的に解説する必要があるのではないか、とも思った。しかし国衆の領国支配については、戦国大名（それも史料の多い北条家・武田家など）と比べると、関係史料がとても少なく、したがってその全体を復元することはほとんどできない。そうすると内容は中途半端なものになってしまうことになる。領域国家として、その構造は戦国大名と同じであるから、そのことを明示するだけにすませ、具体的な叙述はおこなわないことにした。国衆は、領域国家としては戦国大名のミニチュア版になるので、具体的な領国統治の仕組みは、戦国大名の場合と基本的には同質と考えて差し支えない。その部分については、前掲の『戦国大名』に加え、拙著『百姓から見た戦国大名』（ちくま新書）、『戦国大名の危機管理』（角川ソフィア文庫）を参照していただきたい。

そのため本書の内容は、まず「国衆」概念の内容と、国衆の成立過程について解説し、次に従属先の戦国大名との関係の在り方と、国衆の具体的な動向をもとに戦国大名を規定していた有様について取り上げ、最後に国衆から戦国大名化した事例について、その具体的な過程を取り上げた。これらの内容により、おおよそ国衆とはどのような存在であったのか、またどのような存在を国衆と認識できるのか、ということを容易に理解できることになろう、と考える。もちろんそれぞれの内容について、もっと詳しく掘り下げるという方法もありうる。しかしそれでは、新書という媒体の容量を大きく越えることになってしまう。そのため本書では、必要最低限の内容を盛り込むことを優先した。

列島各地に存立していた自立的な領域国家の存在は、それらを国衆と括ることで、はじめて十分に認識することができるようになった。このことは戦国社会とはどのようなものか、また室町時代からの変化、近世社会への変化はどのようなものか、を認識するうえで大きな進捗をもたらすものとなった。ここで私が大切にしているのは、社会の認識を、納税者（百姓・町人身分）の視点から捉えることである。そのため納税者を統治する、領域国家の存在を重視するのである。

他方で、社会の認識を、「日本国」という政治的秩序の観点からおこなう学説も存在している。それはそれで一理ある認識である。しかしそうした学説に共通しているのは、民衆統治の側面がほとんど捨象されていることである。この側面を十分に組み込んで展開された学説を（かつて一九七〇年代までの領主制論を乗り越えたものとして）、いまだみていない。しかし支配者は、納税者から徴税することで存立していた。その性格と変化は、納税者との関係の在り方に規定されていた。

いうまでもないことだが、納税者との関係なしに、支配者として存立することはありえない。だからこそ支配者とそれが作り出す政治秩序を認識するにあたって、その側面についての認識を欠いたままでは、歴史の表層（それは「英雄史観」に近い）をなぞるにすぎず、歴史の本質をとらえることはできないと考える。戦国時代の「日本国」という政治秩序を認識する場合でも、この領域国家の存在を基底に据えて構築していくことが必要である。それはこれからの課題なのであろう。今後にそうした研究があらわれるようになることを期待したい。

ついでながらいえば、そのことは室町時代までの領主層への理解についても同様である。第二章で述べたように、もはやこれまでの「在地領主」「国人領主」概念は成り立たない。しかし十分な領主理解を欠いたままでは、社会を認識することなどできない。「在地領主」「国人領主」などという、不成立の概念から解き放たれて（もちろん再規定でもかまわないが)、かつての領主制論を乗り越えた、納税者との関係の在り方を再構築して、新たな領主理解が登場してくることを期待したい。

最後に、本書の刊行にあたっては、進藤倫太郎さんのお世話になった。あらためて御礼を申し上げます。

二〇二二年二月

黒田基樹

主要参考文献

新井浩文『関東の戦国期領主と流通』戦国史研究叢書8、岩田書院、二〇一一年
有光友学『戦国大名今川氏と葛山氏』吉川弘文館、二〇一三年
池　享『知将毛利元就』新日本出版社、二〇〇九年
同　『毛利領国の拡大と尼子・大友氏』列島の戦国史6、吉川弘文館、二〇二〇年
池享・矢田俊文編『定本上杉謙信』高志書院、二〇〇〇年
市村高男『戦国期東国の都市と権力』思文閣出版、一九九四年
今福　匡『上杉景虎』宮帯出版社、二〇一一年
丑木幸男『石高制確立と在地構造』文献出版、一九九五年
大石泰史編『今川氏年表 氏親・氏輝・義元・氏真』高志書院、二〇一七年
大西泰正編『備前宇喜多氏』論集戦国大名と国衆11、岩田書院、二〇一二年
河合正治『安芸毛利一族』新人物往来社、一九八四年
同　編『毛利元就のすべて 新装版』新人物往来社、一九九六年
川副　博『五州二島の太守 龍造寺隆信』佐賀新聞社、二〇〇六年
川副義敦『戦国の肥前と龍造寺隆信』宮帯出版社、二〇一八年
久保田順一『新田一族の戦国史』あかぎ出版、二〇〇五年

栗原　修『戦国期上杉・武田氏の上野支配』戦国史研究叢書6、岩田書院、二〇一〇年
黒田基樹『戦国大名北条氏の領国支配』戦国史研究叢書1、岩田書院、一九九五年
同『戦国大名領国の支配構造』岩田書院、一九九七年
同『戦国期東国の大名と国衆』岩田書院、二〇〇一年
同『戦国の房総と北条氏』岩田選書・地域の中世4、岩田書院、二〇〇八年
同『戦国期領域権力と地域社会』中世史研究叢書15、岩田書院、二〇〇九年
同『古河公方と北条氏』岩田選書・地域の中世12、岩田書院、二〇一二年
同『小田原合戦と北条氏』敗者の日本史10、吉川弘文館、二〇一三年
同『戦国期山内上杉氏の研究』中世史研究叢書24、岩田書院、二〇一三年
同『戦国大名——政策・統治・戦争』平凡社新書713、平凡社、二〇一四年
同『増補改訂戦国大名と外様国衆』戎光祥研究叢書4、戎光祥出版、二〇一五年、初版一九九七年
同『真田昌幸——徳川、北条、上杉と渡り合い大名にのぼりつめた戦略の全貌』小学館、二〇一五年
同『関東戦国史』角川ソフィア文庫、KADOKAWA、二〇一七年
同『北条氏政』ミネルヴァ日本評伝選179、ミネルヴァ書房、二〇一八年
同『戦国北条家一族事典』戎光祥出版、二〇一八年
同『戦国期関東動乱と大名・国衆』戎光祥研究叢書18、戎光祥出版、二〇二〇年
同『下剋上』講談社現代新書2624、講談社、二〇二一年
同『戦国関東覇権史』角川ソフィア文庫、KADOKAWA、二〇二一年
同『戦国「おんな家長」の群像』笠間書院、二〇二一年

同　　編『武蔵成田氏』論集戦国大名と国衆7、岩田書院、二〇一二年
同　『武蔵上田氏』論集戦国大名と国衆15、岩田書院、二〇一四年
同　『北条氏房』論集戦国大名と国衆19、岩田書院、二〇一五年
同　『上野岩松氏』シリーズ・中世関東武士の研究15、戎光祥出版、二〇一五年
同　『北条氏政』シリーズ・中世関東武士の研究24、戎光祥出版、二〇一九年
小林輝久彦「「駿遠軍忠衆矢文写」についての一考察」『静岡県地域史研究』一一号、二〇二一年
柴　裕之『徳川家康――境界の領主から天下人へ』中世から近世へ、平凡社、二〇一七年
柴辻俊六編『新編　武田信玄のすべて』新人物往来社、二〇〇八年
白根靖大編『室町幕府と東北の国人』東北の中世史3、吉川弘文館、二〇一五年
鈴木敦子「龍造寺隆信の龍造寺家家督継承問題」『佐賀大学経済論集』一九七号、二〇一三年
戦国史研究会編『織田権力の領域支配』岩田書院、二〇一一年
同　『戦国時代の大名と国衆』戎光祥中世史論集7、戎光祥出版、二〇一八年
竹本弘文『大友宗麟』大分県先哲叢書、大分県教育委員会、一九九五年
津野倫明『長宗我部元親と四国』人をあるく、吉川弘文館、二〇一四年
中西豪・白峰旬『最新研究江上八院の戦い』日本史史料研究会研究選書14、日本史史料研究会、二〇一九年
萩原大輔『謙信襲来』能登印刷出版部、二〇二〇年
長谷川博史『大内氏の興亡と西日本社会』列島の戦国史3、吉川弘文館、二〇二〇年
平井上総『長宗我部元親・盛親』ミネルヴァ日本評伝選156、ミネルヴァ書房、二〇一六年
平山　優『真田三代』PHP新書761、PHP研究所、二〇一一年

同『天正壬午の乱 増補改訂版』戎光祥出版、二〇一五年
同『武田遺領をめぐる動乱と秀吉の野望』戎光祥出版、二〇一五年
同『戦国大名と国衆』角川選書611、KADOKAWA、二〇一八年
福原圭一・前島敏編『上杉謙信』高志書院、二〇一七年
藤木久志・黒田基樹編『定本・北条氏康』高志書院、二〇〇四年
堀本一繁「龍造寺氏の戦国大名化と大友氏肥前支配の消長」『日本歴史』五九八号、一九九八年
丸島和洋『戦国大名の外交』講談社選書メチエ556、講談社、二〇一三年
同『真田四代と信繁』平凡社新書793、平凡社、二〇一五年
同『戦国大名武田氏の家臣団』教育評論社、二〇一六年
同『東日本の動乱と戦国大名の発展』列島の戦国史5、吉川弘文館、二〇二一年
同 編『信濃真田氏』論集戦国大名と国衆13、岩田書院、二〇一四年
峰岸純夫『中世の東国――地域と権力』東京大学出版会、一九八九年
同『新田岩松氏』中世武士選書7、戎光祥出版、二〇一一年
同『享徳の乱』講談社選書メチエ661、講談社、二〇一七年
村井良介『戦国大名論』講談社選書メチエ607、講談社、二〇一五年
矢田俊文『日本中世戦国期権力構造の研究』塙書房、一九九八年
渡辺大門『宇喜多直家・秀家』ミネルヴァ日本評伝選93、ミネルヴァ書房、二〇一一年
同『備前浦上氏』中世武士選書12、戎光祥出版、二〇一二年
『新田町誌第四巻　特集編 新田荘と新田氏』新田町、一九八四年

『真田氏と上田城』上田市誌歴史編6、上田市、二〇〇二年
『佐賀市史 第一巻』佐賀市、一九八七年、川副博氏執筆分

【著者】
黒田基樹（くろだ もとき）
1965年生まれ。早稲田大学教育学部社会科地理歴史専修卒業。博士（日本史学）。専門は日本中世史。現在、駿河台大学教授。著書に『下剋上』（講談社現代新書）、『戦国大名の危機管理』（角川ソフィア文庫）、『百姓から見た戦国大名』（ちくま新書）、『戦国北条五代』（星海社新書）、『戦国大名北条氏の領国支配』（岩田書院）、『中近世移行期の大名権力と村落』（校倉書房）、『戦国北条家の判子行政』『戦国大名』（以上、平凡社新書）、編著に『北条氏年表』（高志書院）、『鎌倉府発給文書の研究』（戎光祥出版）、監修に『戦国大名』（平凡社別冊太陽）など多数。

平 凡 社 新 書 1 0 0 3

国衆
戦国時代のもう一つの主役

発行日――2022年4月15日 初版第1刷

著者――黒田基樹
発行者――下中美都
発行所――株式会社平凡社
〒101-0051 東京都千代田区神田神保町3-29
電話 （03）3230-6580［編集］
（03）3230-6573［営業］
印刷・製本―株式会社東京印書館
ＤＴＰ――株式会社平凡社地図出版
装幀――菊地信義

ISBN978-4-582-86003-0
平凡社ホームページ https://www.heibonsha.co.jp/